ANTOLOGÍA DE LA POESÍA
ESPAÑOLA DEL SIGLO XX

ANTOLOGÍA DE LA POESÍA ESPAÑOLA DEL SIGLO XX

Miguel Díez Rodríguez
M.ª Paz Díez Taboada

Colección Fundamentos n.º 123

Diseño de portada:
Sergio Ramírez

Diseño interior:
RAG

Reservados todos los derechos. De acuerdo a lo dispuesto en el art. 270 del Código Penal, podrán ser castigados con penas de multa y privación de libertad quienes sin la preceptiva autorización reproduzcan, plagien, distribuyan o comuniquen públicamente, en todo o en parte, una obra literaria, artística o científica, fijada en cualquier tipo de soporte.

1.ª edición, 1991
6.ª edición, 2010
1.ª reimpresión, 2013
2.ª reimpresión, 2017
3.ª reimpresión, 2021

© herederos de Manuel Machado. © herederos de Miguel de Unamuno. © herederos de Antonio Machado. © herederos de Juan Ramón Jiménez. © herederos de Pedro Salinas. © herederos de Jorge Guillén. © herederos de Gerardo Diego. © herederos de F. García Lorca. © herederos de Vicente Aleixandre. © herederos de Luis Cernuda. © Rafael Alberti. © herederos de León Felipe. © Juan Gil-Albert. © herederos de Miguel Hernández. © herederos de Leopoldo Panero. © Luis Rosales. © herederos de Dionisio Ridruejo. © José García Nieto. © José María Valverde. © herederos de Dámaso Alonso. © Eugenio de Nora. © herederos de José Luis Hidalgo. © herederos de Ángela Figuera. © herederos de Gabriel Celaya. © herederos de Blas de Otero. © Gloria Fuertes. © Rafael Morales. © José Hierro. © Ángel González. © José Agustín Goytisolo. © herederos de Jaime Gil de Biedma. © José Ángel Valente. © Francisco Brines. © Claudio Rodríguez. © Carlos Sahagún. © Antonio Gamoneda. © Manuel Vázquez Montalbán. © Pere Gimferrer. © Antonio Martínez Sarrión. © Agustín Delgado. © Juan Luis Panero. © Antonio Colinas. © Luis Alberto de Cuenca. © Luis Antonio de Villena. © Julio Llamazares. © Ana Rossetti. © Julio Martínez Mesanza. © Felipe Benítez.

© Miguel Rodríguez y M.ª Paz Díez Taboada, 1991

© Ediciones Akal, S. A., 1991, 2010
  Sector Foresta, 1
  28760 Tres Cantos
  Madrid - España
  Tel.: 918 061 996
  Fax: 918 044 028
  www.akal.com

ISBN: 978-84-7090-251-2

Depósito legal: M-38.873-2010

Impreso en España / *Printed in Spain*

ÍNDICE

	Pág.
Relación de autores y poemas	9
Nuestra edición	19
Estudio preliminar	21

I. La poesía española desde principios de siglo hasta la Guerra Civil 21

- Situación histórica de España en este período 21
- La poesía modernista 22
- El Modernismo en España 25
- La poesía de la Generación del 98 28
- La poesía de Juan Ramón Jiménez 34
- Las Vanguardias 38
- La generación poética del 27 40
- La poesía de León Felipe, Juan Gil-Albert y Miguel Hernández 56

II. La poesía española desde el final de la Guerra Civil hasta los años 80 61

- España en este período 61
- La poesía de la década de los 40 62
- La poesía de la década de los 50 66
- La poesía de la década de los 60 71
- La poesía última 75

Antología 77

Notas a los poemas 311

Glosario 321

Bibliografía básica 329

Relación de autores y poemas

Pág.

RUBÉN DARÍO: 79
1. Caupolicán
2. Sonatina
3. Sinfonía en gris mayor
4. Marcha triunfal
5. De otoño
6. Caracol
7. Lo fatal

SALVADOR RUEDA: 87
8. La sandía

MANUEL MACHADO: 88
9. Melancolía
10. Castilla
11. Felipe IV
12. Retrato
13. Los fusilamientos de la Moncloa
14. Soleares
15. A Rubén Darío
16. Ocaso

MIGUEL DE UNAMUNO: 94
17. Castilla
18. A mi buitre
19. La unión con Dios
20. *Vuelve hacia atrás la vista, caminante,...*
21. *A un hijo de españoles arropamos...*
22. *¡Ay, triste España de Caín, la roja...!*
23. *Me destierro a la memoria,...*

ANTONIO MACHADO: 99
24. *Yo voy soñando caminos...*
25. *Es una tarde cenicienta y mustia,...*
26. *Desnuda está la tierra,...*

27. Retrato
28. A orillas del Duero
29. Campos de Soria
30. A un olmo seco
31. *Allá, en las tierras altas,...*
32. A José María Palacio
33. Proverbios y cantares
34. A la muerte de Rubén Darío
35. Hacia tierra baja
36. Canciones del alto Duero
37. Proverbios y cantares
38. El amor y la sierra
39. *¿Por qué, decísme, hacia los altos llanos...?*

JUAN RAMÓN JIMÉNEZ: 114
40. Adolescencia
41. *Entre el velo de la lluvia...*
42. *Ya están ahí las carretas...*
43. Primavera amarilla
44. El viaje definitivo
45. Convalecencia
46. Soledad
47. Octubre
48. *¡Intelijencia, dame...!*
49. *¡Esta es mi vida, la de arriba...!*

PEDRO SALINAS: 121
50. *El alma tenías...*
51. Vocación
52. *Para vivir no quiero...*
53. *Ayer te besé en los labios...*
54. *Perdóname por ir así buscándote...*
55. *La forma de querer tú...*
56. *¡Qué paseo de noche...!*
57. *Tú no las puedes ver,...*
58. *¿Serás, amor,...?*
59. *Cuando te digo: «alta»,...*
60. El poema

JORGE GUILLÉN: 132
      61. Plaza mayor
      62. Las doce en el reloj
      63. Los intranquilos
      64. Del trascurso
      65. Dolor tras dolor
      66. Despertar español

GERARDO DIEGO: 137
      67. Rosa mística
      68. Romance del Duero
      69. Nocturno
      70. El ciprés de Silos
      71. Brindis
      72. Y tu infancia, dime
      73. Insomnio
      74. Revelación
      75. Cumbre de Urbión
      76. Cuarto de baño
      77. Sucesiva
      78. Condicional

F. GARCÍA LORCA: 146
      79. Sorpresa
      80. Malagueña
      81. Cazador
      82. Canción de jinete
      83. Romance de la luna luna
      84. Romance sonámbulo
      85. La aurora
      86. Niña ahogada en el pozo
      87. La sangre derramada
      88. Casida del llanto
      89. Casida de la mujer tendida
      90. Soneto de la dulce queja

VICENTE ALEIXANDRE: 159
      91. Adolescencia
      92. Se querían
      93. Diosa

94. Ciudad del Paraíso
  95. El sueño
  96. En la plaza
  97. El poeta se acuerda de su vida

LUIS CERNUDA: 166
  98. Te quiero
  99. En medio de la multitud
  100. *Donde habite el olvido,...*
  101. *Adolescente fui en días idénticos a nubes,...*
  102. Gaviotas en los parques
  103. Un español habla de su tierra
  104. Ser de Sansueña
  105. La poesía
  106. Peregrino
  107. Despedida

RAFAEL ALBERTI: 175
  108. *Madre, vísteme a la usanza...*
  109. Los ángeles muertos
  110. A «Niebla», mi perro
  111. Abril 1938
  112. Galope
  113. *Se equivocó la paloma...*
  114. Baladas y canciones de la quinta del mayor loco
  115. *Hoy las nubes me trajeron,...*
  116. Lo que dejé por ti

LEÓN FELIPE: 182
  117. Romero sólo...
  118. Elegía
  119. Sé todos los cuentos
  120. Perdón

JUAN GIL-ALBERT: 187
  121. La huella del espíritu
  122. Lamento de un joven arador
  123. La fidelidad
  124. El presentimiento

MIGUEL HERNÁNDEZ: 190
    125.   *¿No cesará este rayo que me habita...?*
    126.   *Umbrío por la pena, casi bruno,...*
    127.   *Yo sé que ver y oír a un triste enfada...*
    128.   *Como el toro he nacido para el luto...*
    129.   Elegía
    130.   El sudor
    131.   Canción del esposo soldado
    132.   Canción última
    133.   *Llegó con tres heridas...*
    134.   Nanas de la cebolla
    135.   Eterna sombra

LEOPOLDO PANERO: 202
    136.   A mis hermanas
    137.   Hijo mío
    138.   Por donde van las águilas
    139.   Epitafio

LUIS ROSALES: 205
    140.   Canción que nunca pone el pie en el suelo
    141.   La última luz
    142.   Lo que no se recuerda

DIONISIO RIDRUEJO: 207
    143.   *España toda aquí, lejana y mía,...*
    144.   *Ya solo en mi corazón...*
    145.   Poesía de Leopoldo Panero

JOSÉ GARCÍA NIETO: 209
    146.   *Tan hombre soy que siento por mi pecho...*

JOSÉ MARÍA VALVERDE: 210
    147.   Elegía de mi niñez
    148.   Salmo de las rosas

DÁMASO ALONSO: 213
    149.   Solo
    150.   Insomnio
    151.   Monstruos

EUGENIO DE NORA: 217
    152. Lamento
    153. Patria
    154. País

JOSÉ LUIS HIDALGO: 219
    155. Si supiera, Señor...
    156. Has bajado
    157. Te busco
    158. Nacimiento

ÁNGELA FIGUERA: 221
    159. Mujeres del mercado
    160. Sólo ante el hombre
    161. Libertad
    162. En tierra escribo

GABRIEL CELAYA: 225
    163. La poesía es un arma cargada de futuro
    164. España en marcha
    165. En la luz abierta

BLAS DE OTERO: 229
    166. Hombre
    167. Canto primero
    168. Crecida
    169. Déjame
    170. Gritando no morir
    171. Un relámpago apenas
    172. A la inmensa mayoría
    173. En el principio
    174. Fidelidad
    175. Censoria

GLORIA FUERTES: 237
    176. Labrador
    177. Ya ves qué tontería
    178. Sale caro ser poeta

RAFAEL MORALES: 240
    179. A un esqueleto de muchacha
    180. Soneto para mi última chaqueta
    181. Cántico doloroso al cubo de la basura

JOSÉ HIERRO: 242
    182. Caballero de otoño
    183. Destino alegre
    184. Fe de vida
    185. Las nubes
    186. Niño

ÁNGEL GONZÁLEZ: 246
    187. Otro tiempo vendrá distinto a éste...
    188. El derrotado
    189. Porvenir
    190. Elegido por aclamación
    191. Inventario de lugares propicios al amor
    192. El día se ha ido

JOSÉ AGUSTÍN GOYTISOLO: 251
    193. La guerra
    194. Palabras para Julia
    195. Así son
    196. 75 Gower street
    197. *Con el otoño las hojas...*
    198. Sus horas son engaño
    199. Es como el eco
    200. Ningún otro daño

JAIME GIL DE BIEDMA: 257
    201. Infancia y confesiones
    202. Por lo visto
    203. Apología y petición
    204. Años triunfales
    205. Contra Jaime Gil de Biedma
    206. Del año malo
    207. No volveré a ser joven
    208. De vita beata

JOSÉ ÁNGEL VALENTE: 265
    209. El adiós
    210. Cae la noche
    211. Esta imagen de ti
    212. Tiempo de guerra
    213. XIV. (Biografía)
    214. Cincuentenario
    215. XXX. *Venías, ave, corazón, de vuelo*
    216. *Se daban...*

FRANCISCO BRINES: 270
    217. *El visitante me abrazó, de nuevo...*
    218. ¿Con quién haré el amor?
    219. El testigo
    220. Las noches del abandono
    221. Canción del desvelado
    222. La despedida
    223. Los veranos

CLAUDIO RODRÍGUEZ: 275
    224. *Como si nunca hubiera sido mía,...*
    225. Con media azumbre de vino
    226. Al fuego del hogar
    227. Alto jornal
    228. Lamento a Mari

CARLOS SAHAGÚN: 280
    229. Aula de química
    230. Aquí empieza la historia

ANTONIO GAMONEDA: 283
    231. *Existían tus manos...*
    232. Blues del amo
    233. Blues de la escalera
    234. Visita por la tarde
    235. *Los jueves por la tarde...*
    236. *Sucedían cuerdas de prisioneros;...*

MANUEL VÁZQUEZ MONTALBÁN: 287
    237. Nunca desayunaré en Tiffany

PEDRO GIMFERRER: 288
    238.   Arde el mar
    239.   *En las cabinas telefónicas...*

ANTONIO MARTÍNEZ SARRIÓN: 290
    240.   *el cine de los sábados...*

AGUSTÍN DELGADO: 291
    241.   Otra vez más
    242.   *La muerte del padre se alza en la ventana,...*

JUAN LUIS PANERO: 293
    243.   Y de pronto anochece

ANTONIO COLINAS: 294
    244.   Escalinata del palacio
    245.   Ocaso
    246.   Giacomo Casanova acepta el cargo...
    247.   Regreso a Petavonium

LUIS ALBERTO DE CUENCA: 298
    248.   Amour fou
    249.   Sobre un tema de J.M.M.
    250.   La mentirosa

LUIS ANTONIO DE VILLENA: 300
    251.   Labios bellos, ámbar suave
    252.   Demasiada belleza
    253.   Al sur, en una pequeña ciudad provinciana

JULIO LLAMAZARES: 303
    254.   *Yo vengo de una raza de pastores...*
    255.   *Hace ya mucho tiempo que camino...*
    256.   *De nuevo llega el mes de las avellanas...*
    257.   *Los bardos llegaban con el verano...*
    258.   *La nieve está en mi corazón...*

ANA ROSSETTI: 307
    259.   Se penso como speso male il mio tempo

JULIO MARTÍNEZ MESANZA: 308
    260. También mueren caballos en combate
    261. Las tres hermanas

FELIPE BENÍTEZ: 309
    262. La desconocida

NUESTRA EDICIÓN

Esta Antología va destinada a alumnos del Segundo ciclo de Secundaria y de Bachillerato y a un público general no especializado. No incluimos ejercicios ni comentarios de texto. Y esto por dos razones: si el libro es utilizado en clase de literatura, hay que confiar en la capacidad y preparación del profesor —insustituible en el proceso educativo—, pues es quien tiene que organizar y sugerir las actividades más idóneas que sus alumnos deben realizar sobre el material poético seleccionado. A un número cada vez más amplio de docentes nos molesta el creciente y ya excesivo dirigismo de muchas ofertas editoriales. La otra razón es la de eliminar de esta obra el carácter exclusivamente didáctico, que podría desfigurar su intención divulgativa y dificultar su difusión en un sector más amplio de posibles lectores.

Teniendo en cuenta este público al que se orienta la antología, hemos puesto mucho cuidado en que —por lo menos hasta la década de los años 60, inclusive— estén representados los más importantes poetas de lengua castellana, en España, aunque, por supuesto, la nómina de autores podría haberse ampliado algo más.

Respecto a la selección de poemas, como en cualquier trabajo de estas características, nos hemos movido acuciados por diversos condicionantes: las limitaciones de espacio, los destinatarios del libro, nuestro propio gusto personal de profesores experimentados en la enseñanza de la literatura y de amantes de la lírica, la representatividad de los poemas elegidos en relación con la obra total de sus autores y la existencia de una cierta tradición que ha destacado algunos poemas como hitos indiscutibles en la rica creación poética española de este siglo que termina.

En cuanto al orden de los autores seleccionados en la antología, es el mismo que se sigue en el estudio preliminar. Generalmente, a continuación del título de la obra poética, aparece la fecha de su publicación; sólo en muy pocos casos la fecha está entre paréntesis y entonces se refiere a la de creación. Al final de la Antología se incluyen algunas notas sobre los poemas seleccionados y a continuación un glosario alfabetizado de los términos —marcados en el texto con un asterisco— que pueden ofrecer alguna dificultad en su significado.

¿Qué es, en resumen, lo que hemos pretendido? Algo muy difícil: una edición manejable de los poemas más logrados —como creación artística—, los más representativos de sus autores y, en definitiva, los que más fácil y fecundamente puedan suscitar el interés, agrado y emoción personal de los lectores. Todo ello, insistimos, con las limitaciones espaciales y de perspectiva, de las que somos muy conscientes quienes hemos pretendido tan difícil empeño.

Nos sentiríamos muy satisfechos si esta antología se convirtiese en una especie de libro de cabecera en el que cualquier lector pudiese encontrar con facilidad muchos de los más hermosos o emocionantes poemas de nuestra lírica del siglo XX.

Miguel Díez Rodríguez
M.ª Paz Díez Taboada

ESTUDIO PRELIMINAR

I. LA POESÍA ESPAÑOLA DESDE PRINCIPIOS DE SIGLO HASTA LA GUERRA CIVIL

Situación histórica de España en este período

El panorama político-social español de finales del siglo XIX y principios del XX es muy negativo. Los graves problemas son las tensiones regionalistas, la necesidad de una reforma agraria y las sublevaciones en Marruecos y en las colonias de América. El ambiente es de descontento político, atonía moral y dificultades económicas. Socialmente, España está compuesta por una gran masa rural atrasada que vive miserablemente, dominada por caciques; un proletariado industrial poco desarrollado —localizado en Cataluña y el País Vasco—; y la aristocracia y la alta burguesía urbana, despreocupadas y encerradas en sí mismas.

El año 1898 es conocido como el del «desastre». Por el Tratado de París de ese mismo año, España se vio obligada a desprenderse de Cuba, Puerto Rico y las islas Filipinas, últimas posesiones del viejo imperio español. Ante este duro golpe, los espíritus más sensibles se dieron cuenta de la crisis y debilidad en que estaba sumida la nación. Un grupo de ellos planteó la necesidad de «regeneración»: urgencia de una reconstrucción interior, reforma agraria, política de regadíos, educación del pueblo y búsqueda de soluciones en el exterior a los males internos. Las ideas regeneracionistas fueron el acicate de los jóvenes de la llamada Generación del 98.

Entre 1902 y 1923 se desarrolló el reinado de Alfonso XIII, período en el que hay que destacar el incremento industrial, el nacimiento y consolidación del proletariado, los enfrentamientos sociales, la negativa situación económica y las continuas crisis de gobierno.

La situación anterior conduce a la dictadura del general Primo de Rivera (1923-1931) que intenta, desde la concentración del poder, resolver la crisis de la nación; sin embargo, y pese a algunos logros iniciales, la dictadura también fracasó.

La miseria muy generalizada, la organización y politización de la clase obrera y, sobre todo, la unión de las izquierdas, trajeron consigo la proclamación de la Segunda República (1931-1939). El período republicano comenzó con un deseo de profundas reformas y buenas intenciones, pero pronto se manifestó impotente ante los problemas endémicos del país: los enfrentamientos sociales e ideológicos y la crisis económica. Los acontecimientos se precipitaron: huelgas y disturbios, triunfo de las derechas en 1933, revolución en Asturias en 1934 y formación del Frente Popular, que gana las elecciones en 1936. Ese mismo año, en julio, el general Franco se subleva contra el gobierno de la República y estalla la Guerra Civil (1936-1939), confrontación fratricida con la que culmina dramáticamente el enfrentamiento de las dos Españas.

La poesía modernista

El **Modernismo** fue un movimiento cultural que, en su vertiente literaria, llegó a España a finales del siglo pasado, procedente de Hispanoamérica, de la mano de su figura más representativa, el poeta nicaragüense Rubén Darío. Este movimiento busca la expresión de una nueva sensibilidad con un nuevo lenguaje, rechazando el prosaísmo y la retórica hueca de la literatura anterior.

El Modernismo tuvo como antecedentes dos corrientes poéticas francesas de la segunda mitad del siglo XIX: el *Parnasianismo* y el *Simbolismo*. Del Parnasianismo recogieron los modernistas la consigna de «el arte por el arte», la obsesión por la perfección formal, y el ideal de una poesía bella, equilibrada y escultural —y también fría como una estatua clásica—, expresada en un lenguaje brillante y refinado, y en la que predomina la ocultación del sentimiento y la emoción. Del Simbolismo recibieron el valor de la intuición, el poder evocador de las palabras, el arte de sugerir más que de decir, la atracción por la mitología griega y la Edad Media y el sentido musical del lenguaje poético.

En un mundo utilitario, mediocre y gris, el Modernismo exaltaba el arte y la belleza como bienes supremos. Renovó y amplió el lenguaje poético, enriqueció la métrica e imaginó sus propios mundos para escapar de la monotonía y rutina cotidianas.

La principal característica de este movimiento fue la preocupación por los valores formales. El Modernismo, como ya hemos indicado, significó una profunda renovación del lenguaje. Sus poetas crean neologismos, rescatan arcaísmos e incorporan extranjerismos y también voces de uso cotidiano. Hay que destacar el uso abundante de adjetivos ornamentales y de recursos fónicos, como las aliteraciones y las onomatopeyas. Las imágenes, los símbolos y las sinestesias —asociaciones de palabras que se refieren a sensaciones distintas— llenarán su mundo poético, y, en resumen, en el aspecto formal, el Modernismo usará de todos aquellos recursos que se caracterizan por su poder de sugerencia y evocación y por su valor ornamental, y un lenguaje colorista, sonoro y rítmico, como antes no había existido.

Hay que destacar la importancia de la versificación modernista; en ella, principalmente en su especial acentuación y rima, se basa la musicalidad característica de la poesía de este movimiento. A veces, se destruye el ritmo del verso en busca de una mayor expresividad, mediante encabalgamientos o ruptura de cesuras habituales. La variedad de metros fue grande: versos libres, eneasílabos y dodecasílabos —poco usados anteriormente—, predilección por el viejo alejandrino...; y, en cuanto a la estrofa, la diversidad de los metros usados modificó los esquemas preestablecidos con la más absoluta libertad.

En los temas se pueden distinguir dos direcciones muy distintas: una, que corresponde al aspecto más externo y superficial del Modernismo, supone la evasión, mediante la fantasía, hacia mundos mitológicos, legendarios, medievales u orientales y, también, el gusto por lo exótico, lo cosmopolita, lo otoñal y decadente. La literatura de este tipo se llenó de cisnes y lagos, de palacios orientales y jardines suntuosos o crepusculares, de mitos, dioses, héroes y princesas, etc. Es este el Modernismo exuberante y llamativo en la forma e intrascendente y evasivo en el contenido. La otra dirección mucho más interesante y permanente, se asoma al mundo interior del poeta, y aunque a veces muestra intenso vitalismo y goce de vivir, bañando de sensualidad muchos poemas, sin embargo, otras veces, lo que se expresa es la melancolía, la tristeza o la angustia vital, en poemas de gran profundidad humana, que son el mejor y más perenne fruto de este movimiento y que, en gran medida, continúan la corriente poética del llamado Romanticismo «llorón» o melancólico, renovada y estilizada en España por la excelente poesía posromántica de G. A. Bécquer y Rosalía de Castro.

El Modernismo en España

Los escritores modernistas españoles más importantes fueron Salvador Rueda, Manuel Machado, Francisco Villaespesa y Manuel Reina. Dos miembros de la Generación del 98, Antonio Machado y Ramón del Valle Inclán, comenzaron su andadura literaria por las vías del Modernismo. Y también Juan Ramón Jiménez fue en la primera etapa de su obra un importante poeta modernista, abandonando después este movimiento para seguir otros derroteros.

El Modernismo español tuvo unas peculiaridades que es necesario señalar. Hay en él mucho más de intimismo a la manera posromántica que de escapismo hacia mundos lejanos y exóticos, y se viste con menos galas externas, menos sonoridades y preciosismos formales; se trata de un Modernismo más atemperado, que combina lo francés con lo español, lo culto y lo popular.

Finalmente, hay que destacar la repercusión y el influjo que este movimiento tuvo en la poesía española posterior. En adelante, ésta será muy distinta en temas, vocabulario y ritmos, pero, sobre todo, por la nueva sensibilidad, la inquietud artística y la libertad creadora que le aportó aquel movimiento cuyo primer impulso le vino de Hispanoamérica.

Rubén Darío (1867-1916)

Como es tradicional, comenzamos el estudio de la lírica española del siglo XX con la figura del gran poeta nicaragüense, porque su voz y su presencia abrieron, de hecho, nuestra centuria poética. Rubén Darío fue la figura más representativa del Modernismo. Vivió intensamente los cuarenta y nueve años de su existencia. Viajó por varios países hispanoamericanos, estuvo en España, donde entabló una fecunda amistad con los grandes literatos del momento —los Machado, Valle Inclán, Unamuno, J.R. Jiménez, etc.—, y residió en París, donde conectó, en fecha muy temprana, con las nuevas corrientes poéticas francesas.

Su personalidad fue difícil y compleja: apasionado, errabundo y bohemio, vitalista e idealista, entregado con fruición a las mujeres y al alcohol, religioso y pagano, con arrebatos de euforia y caídas en profundas depresiones. Pero fue también un hombre bueno, amigo de sus amigos, generoso y entrañable.

La poesía de Rubén Darío aglutina perfectamente todas las características de Modernismo: en lo formal, el cromatismo, la sonoridad y el ritmo; en lo temático, lo exótico, lo mitológico y, también, su mundo interior arrebatado o desgarrado. Es la suya una poesía que llama la atención por su versatilidad: frívola y angustiada, sensual y grave, cosmopolita y patriótica. Siempre buscó la belleza por medio de la palabra; para él estaba clara la supremacía del Arte, por encima de otros intereses humanos.

Su primer libro importante fue *Azul,* 1888, que significa en su obra el momento de búsqueda, la influencia francesa de Víctor Hugo y los parnasianos, y el preciosismo. *Prosas profanas,* 1896, es la culminación del Modernismo más exuberante y rotundo. Hay que destacar en este libro la sensualidad y el erotismo y, también, el comienzo de poemas sobre motivos españoles.

Cantos de vida y esperanza, 1905, es su obra más importante. Se trata de una ampliación temática, desde la propia intimidad del poeta a la comunicación con los demás; y en muchos poemas se aprecia una mayor sencillez de expresión. Destaca una serie de impresionantes poemas en los que expone sus amarguras, angustias y temores. La preocupación política y la defensa del mundo hispánico en contra de la opresiva colonización anglosajona, especialmente de la norteamericana, es otro aspecto digno de señalar. El cantor musical de cisnes, princesas y fiestas galantes es, en este momento, el creador del estremecedor poema *Lo fatal* o de la oda *A Roosevelt*. Otros poemarios importantes son: *El canto errante*, 1907, y *Poema de Otoño y otros poemas*, 1910.

Manuel Machado (1874-1947)

La vida de Manuel Machado estuvo muy unida a la de su hermano Antonio. Nacimiento en Sevilla, vida en Madrid, educación en la Institución Libre de Enseñanza, estancia bohemia en París... La Guerra Civil los separó ideológica y físicamente, aunque siempre mantuvieron un gran cariño y afecto. Su personalidad fue, sin embargo, el polo opuesto de la de su hermano: extrovertido, gracioso, jaranero, cosmopolita, abúlico, melancólico y castizo.

Conoció y admiró a Rubén y leyó directamente a los poetas parnasianos y simbolistas franceses. Siempre fue fiel al Modernismo, aunque en su poesía no se muestre tanto el colorido pirotécnico como las formas ágiles y graciosas —o más profundas—, en las que los rasgos modernistas están moderados por una elegante técnica impresionista. Del Modernismo toma, más que el preciosismo formal, la vaga melancolía y el mundo de las sugerencias, es decir, el simbolismo.

Su obra poética muestra tres direcciones: por una parte, una poesía ligera y desenfadada, de temática bohemia y tono conversacional; una segunda dirección es la folclórica y castiza, en la que destaca el aprovechamiento de la copla popular andaluza, y, por fin, una poesía de gran perfección formal sobre temas pictóricos y pertenecientes a la tradición literaria, en la que expresa una profunda melancolía.

La poesía de Manuel Machado, ensombrecida por la de su hermano Antonio y, a veces, tendenciosamente interpretada por motivos políticos e ideológicos, muestra en su conjunto una notable calidad. Es hora de reivindicar su dominio formal, su rica y variada maestría técnica, la curiosa mezcla de lo culto y lo popular, lo clásico y lo moderno, lo hondo y lo superficial, la elegante expresión melancólica y, en fin, su concisión impresionista. Poemas como *Castilla, Felipe IV, Ocaso, Cantares, Retrato...*, pertenecen a lo mejor de la lírica española contemporánea. Sus principales libros son: *Alma,* 1902, *El mal poema,* 1909, *Cante hondo,* 1912, y *Ars moriendi,* 1922.

La poesía de la Generación del 98

Miguel de Unamuno, Pío Baroja, José Martínez Ruiz «Azorín», Antonio Machado y Ramón del Valle Inclán fueron un grupo de importantes escritores que, nacidos entre 1864 y 1875, tuvieron una formación intelectual bastante semejante, unas preocupaciones comunes, un estilo que rompía con el de la literatura anterior, un acontecimiento histórico que pesó sobre ellos —el desastre de 1898— y un guía espiritual reconocido, el mismo Miguel de Unamuno. Por todo esto, han pasado a la historia literaria española con el nombre de *Generación del 98*.

Los hombres del 98, inconformistas e individualistas, contemplan la triste realidad del país, y su amor y preocupación por España les lleva a buscar su verdadera esencia en la historia, pero no en la historia de los grandes hechos sino en lo que Unamuno llamó «intrahistoria», es decir, en la vida callada y humilde de «los millones de hombres sin historia» de los campos y pueblos de España.

Exaltan lo popular y el paisaje español, cuyo símbolo es Castilla, y proyectan sobre ese paisaje una mirada subjetiva y cordial. Otros temas centrales de los noventayochistas fueron el sentido de la vida, el mundo interior, el sueño y el tiempo, la infancia, etc.

En cuanto al estilo, les caracteriza la sencillez, sobriedad y claridad, frente a la grandilocuencia y retórica de la literatura anterior, y el uso de un léxico tanto popular como culto, pero siempre tradicional y castizo. Aunque algún otro miembro de esta generación también escribió poesía —Valle Inclán fue autor de interesantes poemas modernistas—, los grandes poetas del 98 fueron Miguel de Unamuno y Antonio Machado.

Miguel de Unamuno (1864-1936)

El bilbaíno Miguel de Unamuno es una de las personalidades más fuertes y destacadas de las letras españolas del siglo XX. Vivió casi toda su vida en Salamanca, de cuya Universidad fue catedrático de griego y rector en diversas etapas. Tuvo una amplísima cultura antigua y moderna, filológica, literaria y filosófica. Incómodo y crítico con todos los regímenes políticos en los que vivió, fue desterrado bajo la dictadura de Primo de Rivera y, después de una postura inicial de apoyo, mantuvo una actitud crítica tanto a la República como al régimen del general Franco.

Unamuno fue siempre un hombre inquieto y rebelde,

paradójico y contradictorio, ferozmente individualista, siempre rindiendo culto a su propia persona. Luchador contra todo, en guerra consigo mismo, en continua tensión, no encontró nunca la paz, acosado de dudas religiosas y existenciales.

Como poeta se le tuvo durante mucho tiempo en poca consideración. Las cosas han cambiado y hoy se habla de él como de «uno de los más grandes poetas del siglo XX, con voz propia y un estilo apenas situable por su variedad y originalidad en una historia de los estilos»[1]. Siempre tuvo una altísima consideración del poeta: «Lo más grande que hay entre los hombres es un poeta; un poeta lírico, es decir, un verdadero poeta. Un poeta es un hombre que no guarda en su corazón secretos para Dios, y que, al contar sus cuitas, sus temores, sus esperanzas y sus recuerdos, los monda y limpia de toda mentira. Sus cantos son tus cantos; son los míos»[2].

Unamuno no busca la musicalidad ni la riqueza de imágenes. Su poesía es muy poco sensual. Está hecha de versos ásperos y adustos, sin apenas halagos formales. Lo que impresiona de su lírica es la gran riqueza de su pensamiento —la fuerza intelectual— y la intensa vibración emocional, mediante la cual se propone la «eternización de la momentaneidad».

Miguel de Unamuno trata en su vasta obra literaria y, por tanto, también en su poesía, dos temas obsesivos: España y el sentido de la vida humana. Escribió poemas sobre los males españoles y sobre el paisaje de las diversas tierras de España. En cuanto al otro tema, a Unamu-

---

[1] Ana SUÁREZ MIRAMÓN, Introducción a Miguel de Unamuno, *Poesía completa*, I, Madrid, Alianza, 1987, p. 35.

[2] Miguel DE UNAMUNO, «Soledad» en *La España Moderna*, año XVII, nº 200, Madrid, agosto, 1905, p. 5 y ss. Vid. en *Obras Completas*, I, p. 1254.

no le preocupaba «el hombre de carne y hueso» [3], con sus angustias y sus problemas, con el sentido trágico de su existencia y, sobre todo, el problema de Dios y de la inmortalidad, «el saber si moriremos del todo o no». En concreto, la lírica unamuniana se centra en los siguientes temas: paisajes y ambientes españoles, dolor por la patria oprimida, el hambre de inmortalidad, la atormentada búsqueda de Dios, la paz del hogar, los recuerdos de infancia, etc.

Sus principales libros poéticos son: *Poesías,* 1907, *Rosario de sonetos líricos,* 1911, *Romancero del destierro,* 1928, y el *Cancionero póstumo. Diario poético,* publicado en 1953, que recoge más de mil quinientos poemas escritos entre 1928 y 1936. Hay que destacar el extenso poema en endecasílabos titulado *El Cristo de Velázquez,* 1920, profunda meditación poético-religiosa ante la contemplación del famoso cuadro de Velázquez que se conserva en el Museo del Prado.

Don Miguel de Unamuno, el quijotesco inquietador de la conciencia de su país —«Excitator Hispaniae» le llamó Curtius—, luchador en tensión durante toda su vida, descansa en su Salamanca bajo este significativo poema suyo:

> Méteme, Padre Eterno, en tu pecho
> —misterioso hogar—.
> Dormiré allí, pues vengo deshecho
> del duro bregar.

---

[3] «El hombre de carne y hueso, el que nace, sufre y muere —sobre todo muere—, el que come y bebe y juega y duerme y piensa y quiere: el hombre que se ve y a quien se oye, el hermano, el verdadero hermano»; cf. Miguel de Unamuno, *Del sentimiento trágico de la vida,* en *O.C.,* VII, *Meditaciones y ensayos espirituales,* Madrid, Escelicer, 1960, p. 109.

Antonio Machado (1875-1939)

Nació en Sevilla, pasó su juventud en Madrid y estudió en la Institución Libre de Enseñanza. Después de una estancia en París, permaneció durante cinco años en Soria como profesor de francés del Instituto. Fueron estos unos años decisivos en su vida: allí descubrió y se identificó con el paisaje castellano y allí se casó y, a los dos años, perdió a su esposa, Leonor Izquierdo. Pasó después a Baeza, a Segovia y, por fin, a Madrid. Al ser derrotado el ejército republicano, se trasladó a Francia y murió en Collioure, un pueblecito costero cercano a la frontera española.

Machado fue un hombre serio, introvertido y solitario, profundo y bueno, cuyas principales actividades fueron meditar, leer, asistir a las tertulias con sus amigos y escribir.

Pensaba Machado que la poesía no debía ser sólo un puro juego decorativo, sino expresión de la auténtica emoción humana —«una honda palpitación del espíritu»—. Como Unamuno, creía que la función de la poesía era la de eternizar lo momentáneo —«palabra esencial en el tiempo»—, expresión no de abstracciones conceptuales sino de reales y sentidas vivencias personales.

Los principales temas machadianos fueron la angustia del tiempo, la melancolía de los sueños y los recuerdos, el problema del ser y de la muerte y la búsqueda de Dios —«siempre buscando a Dios entre la niebla»—; los recuerdos y evocaciones de su propia vida: infancia, juventud, amor, muerte y nostalgia de su mujer; y la preocupación por España y su destino, Castilla y su paisaje, especialmente Soria.

Empleó con frecuencia la rima asonante, las formas de la lírica popular —romances, coplas y cantares— y de la métrica culta —sonetos, silvas, etc.

Su poesía es el resultado de la conjunción de una

extrema sobriedad y sencillez formal con la sincera emoción humana. «Desdeñoso de complacencias fáciles y de vanidades de los sentidos», como escribió Pedro Salinas, elimina toda retórica excesiva —metáforas brillantes, vocabulario rebuscado, elementos decorativos y virtuosismos técnicos—, quedando el poema convertido en la expresión sobria del más auténtico lirismo.

El mundo poético de Machado fue siempre coherente y unitario, pero se puede observar una evolución que, manteniendo esa línea fundamental, comienza con una poesía modernista, dentro de un tono intimista muy sobrio y personal, para abrirse después a las preocupaciones propias del 98: España, los demás, el nuevo sentimiento ante el paisaje, etc. Su trayectoria termina en una poesía de carácter sentencioso y epigramático (composiciones breves, concisas y agudas que expresan un pensamiento festivo, irónico o satírico).

Su primer libro fue *Soledades,* 1903, ampliado en *Soledades, galerías y otros poemas,* 1907. Se trata de una obra en la línea modernista ya apuntada, que une el intimismo de Bécquer o Rosalía con lo mejor del simbolismo. Un tono melancólico tiñe los temas del tiempo, los recuerdos, la soledad, la muerte y Dios.

Campos de Castilla, 1912, también ampliado en la versión de 1917, significa el encuentro con Castilla, con el paisaje de sus tierras altas en el que proyectará su estado de ánimo y encontrará la expresión de la realidad nacional e histórica de España. Hay también en este libro nostálgicos recuerdos personales, reflexión sobre los grandes temas de la existencia humana, preocupación patriótica en actitud crítica; pero todo está visto con una mayor objetividad. Por último, en la ampliación de 1917 aparecen poemas sobre el paisaje andaluz y elogios a diversos escritores antiguos y contemporáneos: Berceo, J. Manrique, Rubén Darío, J.R. Jiménez, Unamuno, Azorín, etc.

Nuevas canciones, 1924, es su último libro, en el que adopta los metros cortos populares, la copla de tipo folclórico tradicional como expresión sentenciosa de su propia filosofía. Los elementos poéticos se han depurado, prescindiendo, incluso, de lo descriptivo, tan importante en su obra anterior.

Antonio Machado es uno de los más admirados y queridos poetas de nuestro siglo. Su talante personal, hecho de sinceridad y de bondad, su fidelidad a unas ideas y a una actitud vital seria y austera, su poesía profundamente humana siguen siendo un ideal y un ejemplo para muchos poetas y hombres de España.

Antonio Machado murió —«casi desnudo como los hijos de la mar»— en una pensión y en tierra extranjera; algunos días más tarde, su hermano José encontró en uno de los bolsillos de su abrigo unos papeles arrugados. Allí estaba, escrito a lápiz, este su último verso: «Estos días azules y este sol de la infancia».

La poesía de Juan Ramón Jiménez

Nació en Moguer (Huelva), y toda su vida se dedicó a la poesía. Conoció a Rubén Darío y fue uno de los iniciadores del Modernismo en España. Se casó con Zenobia Camprubí, mujer muy culta e inteligente que, no obstante, sacrificó su talento y su vida a su marido, resolviéndole todos los problemas materiales. Con motivo de la Guerra Civil salieron de España y recorrieron diversos países americanos. En 1951 se instalaron en Puerto Rico donde recibió el poeta el premio Nobel de literatura en 1956, y a los pocos días falleció Zenobia, lo que fue un duro golpe para J. R. Jiménez, que murió dos años después.

El poeta andaluz fue un hombre hipersensible, narcisista, depresivo, elitista, entregado única y exclusivamente a la búsqueda de la belleza mediante la poesía: «Yo tengo escondida en mi casa, por su gusto y por el mío, a la poesía. Y nuestra relación es la de los apasionados». «Mi vida es todo poesía... soy un poeta que realizó el sueño de su vida. Para mí no existe más que la belleza.»

Es difícil clasificar a J. R. Jiménez en un grupo o movimiento literario por la particular y original trayectoria de su obra poética, que manifiesta características propias del Modernismo, del Novecentismo e incluso de la poesía de vanguardia. Él mismo, en un famoso poema de su libro *Eternidades,* 1918, dejó constancia de su evolución poética:

> Vino, primero, pura
> vestida de inocencia.
> Y la amé como un niño.
> Luego se fue vistiendo
> de no sé qué ropajes.
> Y la fui odiando, sin saberlo.
> Llegó a ser una reina,
> fastuosa de tesoros...
> ¡Qué iracundia de yel y sin sentido!
> ... Mas se fue desnudando.
> Y yo le sonreía.
> Se quedó con la túnica
> de su inocencia antigua.
> Creí de nuevo en ella.
> Y se quitó la túnica,
> y apareció desnuda toda...
> ¡Oh pasión de mi vida, poesía
> desnuda, mía para siempre!

Simplificando mucho, en su abundante producción poética se pueden distinguir dos grandes períodos. El primero abarcaría hasta el año 1916 y destacan, en el momento inicial de esta primera etapa, los libros *Rimas,*

1902, *Arias tristes,* 1903, *Jardines lejanos,* 1904, y *Pastorales* 1905. Es una poesía sencilla, de tonos apagados, con influencia de Bécquer y de métrica tradicional, generalmente en octosílabos asonantados. Los temas son los recuerdos juveniles, el paisaje campesino, jardines y atardeceres. Poesía adolescente y sentimental, impregnada de melancolía. *Poemas májicos y dolientes*[4], 1911, y otros libros, significan, en este primer momento, una poesía más barroca y luminosa, más decididamente modernista en la utilización del color, la adjetivación brillante y el uso del alejandrino. Sin embargo, hay que indicar que se trata de un modernismo intimista, nunca fastuoso como el de Rubén, a pesar de lo que J. R. Jiménez decía en el poema arriba reproducido. Esta primera etapa termina con un importante libro titulado *Sonetos espirituales,* 1917.

Diario de un poeta recién casado, 1917 —posteriormente titulado *Diario de poeta y mar*—, al que el autor consideraba su libro más importante, supone la finalización de la etapa modernista y abre el segundo período con otros títulos como *Eternidades,* 1918, *Piedra y cielo,* 1919, *Poesía,* 1923, y *Belleza,* 1923. Estos libros inauguran la llamada «poesía pura»; una poesía intelectual, que busca lo esencial y se desentiende del color, la música y la anécdota. Este tipo de poesía, ahistórica y destemporalizada, se aproxima, en cierto sentido, a lo que Ortega y Gasset llamará, años más tarde, «arte deshumanizado». El resultado es un mundo poético muy personal, de una gran concentración intelectual y fuerza emotiva, dirigido a una minoría, en poemas generalmente cortos y densos

---

[4] J. R. Jiménez emplea siempre la letra «j», incluso cuando la ortografía normativa indica que hay que escribir la letra «g». Téngase esto en cuenta en la transcripción de sus poemas incluidos en la Antología.

que, con total libertad formal, prescinden de la estrofa y de la rima.

En la poesía posterior, la del destierro, J. R. Jiménez va todavía más allá en esa búsqueda de la belleza y su profunda esencialidad, lo que culmina en *La estación total,* 1946, y *Animal de fondo,* 1949, libro este último lúcido y hermético con el que el poeta finaliza, en una especie de misticismo, su largo camino. Aparece un dios —con minúscula— que no es el creador del mundo, ni el salvador, ni el padre, sino, en sus propias palabras, la «conciencia mía de lo hermoso». «Es un dios que late en la naturaleza y en su propia alma, y se entabla la comunicación entre el dios deseado: el de dentro, el de su alma; y el dios deseante: el de fuera, el de la naturaleza» [5].

No podemos terminar sin mencionar *Platero y yo* (edic. completa en 1917), obra en prosa, la más popular del poeta andaluz, que ha sido traducida a numerosos idiomas. Está formada por un conjunto de capítulos cortos, verdaderos poemas en prosa, en torno al propio poeta y a su acompañante, el borriquillo Platero, en el paisaje y entre las gentes de Moguer. Es un libro clásico en la literatura española por su extraordinaria belleza formal.

Juan Ramón Jiménez es un ejemplo del poeta buscador y creador de belleza, más allá de modas y de gustos pasajeros. Su sensibilidad, la exigencia estética y la continua renovación lo convirtieron en maestro de los poetas de la Generación del 27 en sus comienzos. Rafael Alberti escribió, refiriéndose a él, que fue «el hombre que había elevado a religión la poesía, viviendo exclusivamente por y para ella, alucinándonos con su ejemplo».

---

[5] Jorge URRUTIA, *Antonio Machado y Juan Ramón Jiménez. La superación del Modernismo,* Madrid, Cincel, 1980, p. 46 (Cuadernos de estudio, 21).

Las Vanguardias

En el primer tercio del siglo XX proliferaron en toda Europa una serie de movimientos artísticos declaradamente combativos y provocativos, con frecuencia iconoclastas, que buscaban una renovación estética muy alejada del arte del pasado e, incluso, del presente. Son las llamadas **Vanguardias** y, también, **Ismos.** Todos estos movimientos presentan las siguientes características generales:

1. Oposición a la lógica y a la racionalidad; y exaltación de la imaginación creadora sin ninguna traba ni presupuesto.

2. Experimentación continua en busca de la originalidad, cuanto más llamativa y desconcertante, mejor.

3. «El arte por el arte», como juego divertido, alejado de la realidad —desrealizado— y de toda anécdota personal y sentimental —deshumanizado—.

Con todos estos ingredientes se puede comprender también fácilmente su carácter elitista, de arte minoritario, y la rapidez con que estas vanguardias aparecían y desaparecían, en la mayoría de los casos sin pena ni gloria. Los principales movimientos europeos de vanguardia fueron el **Futurismo,** el **Cubismo,** el **Dadaísmo** y, especialmente, el **Surrealismo.**

El **Surrealismo** fue el movimiento de vanguardia más importante y de más duradera influencia. En 1924 publicó André Bretón, en París, el primer manifiesto surrealista en el que se hablaba de *automatismo psíquico,* de un dictado del pensamiento con ausencia de toda vigilancia ejercida por la razón, fuera de toda preocupación estética y moral». Lo que pretendía el Surrealismo era manifestar la realidad oculta y amordazada, que es la zona más oscura del psiquismo humano: el subconsciente. Para ello, el artista debía expresar inmediata, directa y fielmente, sin ninguna traba lógica, todo lo que ocupaba su mente en el momento de la creación. Sigmund Freud, el padre del psicoanálisis, con sus teorías sobre el subconsciente y los sueños, estaba en la base de este movimiento.

La principal técnica literaria surrealista es la *escritura automática*, es decir, escribir lo primero que viene a la mente, sin ninguna intención premeditada, sin ninguna reflexión, sin ningún freno. Se crean, así, textos literarios no-lógicos, con asociaciones libres e inesperadas de palabras, conceptos, objetos y sentimientos; imágenes sorprendentes de tipo onírico, metáforas insólitas, ordenaciones irracionales, etc. El resultado es un mundo alucinante que la razón rechaza, pero que puede producir en el lector sentimientos y reacciones inconscientes.

El Surrealismo, que fue en un principio un movimiento exclusivamente literario, influyó en otras artes: pintura (Joan Miró, Paul Klee, Salvador Dalí), escultura (Alberto Giacometti) y cine (Luis Buñuel). Su huella llega hasta nuestros días y ha supuesto la inmersión del artista en nuevas y oscuras realidades, y la apertura a asociaciones más libres y ricas.

En España entraron muy tempranamente los ismos europeos. Hay que mencionar, en primer lugar, al escritor Ramón Gómez de la Serna como «avanzado» de las vanguardias y activo participante en todos los movimientos renovadores; y también a José Ortega y Gasset, por ser autor del ensayo *La deshumanización del arte* (1925), obra fundamental en el análisis y desarrollo del vanguardismo en España. Sin embargo, fueron los poetas de la Generación del 27 los que, en un primer momento, más se impregnaron de las nuevas corrientes. Un ismo español, aparecido a finales de la segunda década de este siglo, fue el **Ultraísmo,** que se dio a conocer en diversas revistas literarias y de una de ellas, *Ultra,* recibió su nombre. Miembros destacados del Ultraísmo fueron: Cansinos-Assens, el escritor argentino

Jorge Luis Borges, Guillermo de Torre y Gerardo Diego, perteneciente este último a la Generación del 27 y el más importante de los poetas de esta vanguardia. El Ultraísmo fue, en realidad, la versión española de varios vanguardismos europeos y adoptó temas y motivos de la vida moderna, verso libre, asociaciones ilógicas, imágenes originales y desconcertantes e innovaciones tipográficas como la ausencia de puntuación y la especial disposición gráfica de los versos para producir ciertos efectos visuales, imitando de lejos los célebres *Caligramas* —poemas que dibujan con sus palabras el objeto de que tratan— del poeta francés Guillaume Apollinaire.

El Surrealismo fue la corriente vanguardista que dejó una huella más importante en España, sobre todo en muchos de los poetas del 27. Gran parte de la obra de Vicente Aleixandre pertenece o se mueve en coordenadas surrealistas; Luis Cernuda y Gerardo Diego recibieron su influjo, como también Federico García Lorca y Rafael Alberti, cuyos libros, *Poeta en Nueva York* y *Sobre los ángeles,* respectivamente, son dos importantes muestras de esta tendencia. Sin embargo, es importante señalar que, en general, el surrealismo español no responde al puro automatismo, sino que, partiendo de un propósito racional deliberado, emplea técnicas surrealistas, como las asociaciones libres, las imágenes oníricas, etc., para ampliar las posibilidades de expresión y enriquecer el lenguaje poético.

La generación poética del 27

La nueva orientación de J. R. Jiménez en su etapa de poesía pura más la experimentación y renovación que trajeron las diversas vanguardias, crearon un nuevo clima poético en el que se formó un grupo de poetas, nacidos entre 1892 y 1905. Por su excepcional calidad se ha podido hablar de «un nuevo siglo de oro» de la poesía española. A este grupo se le conoce comúnmente con el nombre de **Generación del 27,** porque en este año se celebró el tercer centenario de la muerte del poeta barroco Luis de Góngora. Varios poetas amigos, con idénticas preocupaciones literarias, atraídos por los hallazgos formales del clásico cordobés —innovaciones metafóricas y libertad y amplitud de lenguaje—, le dedicaron un homenaje en el Ateneo de Sevilla, que significó el hecho fundacional de esta Generación.

Los principales integrantes fueron: Pedro Salinas (1892-1951), Jorge Guillén (1893-1984), Gerardo Diego (1896-1987), Federico García Lorca (1898-1936), Vicente Aleixandre (1898-1984), Dámaso Alonso (1898-1990), Luis Cernuda (1902-1963) y Rafael Alberti (1902).

Aunque cada uno de estos poetas, de gran personalidad, tiene sus propias particularidades, que veremos más adelante, sin embargo, se pueden indicar unas características comunes que los definen como generación:

1. Un declarado propósito de renovación artística, pero que no significó la ruptura con la tradición poética española. Admiraron a los clásicos: Jorge Manrique, Garcilaso de la Vega, San Juan de la Cruz, Lope de Vega, Góngora, Quevedo... De Rubén Darío aprendieron el valor plástico del lenguaje, Bécquer influyó reconocidamente en muchos de ellos, J. R. Jiménez fue su maestro más inmediato y manifestaron respeto y admiración por la poesía de Unamuno y A. Machado, a pesar de las diferencias en la concepción poética.

Así mismo, hay que destacar la importancia de la poesía popular española, antigua y moderna, que sirvió a muchos de ellos de fecunda fuente de inspiración en temas y estrofas —revalorización del romance y de estrofas breves tradicionales—, logrando una estilización culta de esta poesía tradicional, lo que recibió el nombre de *neopopularismo* y cuyos principales representantes fueron Lorca y Alberti.

2. En su consideración del poema como obra de arte, tuvieron un cuidado exquisito en la renovación de las formas, lo que se manifestó especialmente en la amplitud léxica: lenguaje culto y, al mismo tiempo, uso de términos coloquiales, de palabras del habla corriente no consideradas poéticas, pero con las que consiguieron sorprendentes efectos. Otro importante logro fue la revalorización de la imagen con la creación de nuevas y llamativas metáforas.

3. En la métrica cultivaron formas poemáticas cultas, como el soneto, y populares, como el villancico y el romance; también el verso libre, el blanco y el versículo.

4. Por último, hay que señalar la evolución de su poesía. Al principio, tuvieron una preocupación puramente formal: el arte por el arte, como juego ingenioso, pero deshumanizado e intrascendente. Después, a partir de 1930, crearon una poesía de profundo contenido humano, emocionada ante el dolor, la angustia, la alegría, los recuerdos, el amor y la muerte.

La guerra civil española, además de marcar su vida y su obra, acabó con la Generación como tal. Federico García Lorca murió fusilado —destacada víctima del odio fratricida—. Salinas, Guillén, Cernuda y Alberti tuvieron que emprender un largo, en algunos casos definitivo, y difícil exilio. Dámaso Alonso, Aleixandre y Gerardo Diego se quedaron aquí. Rota la Generación, los supervivientes continuaron su obra; los de fuera expresarán obsesivamente en sus poemas la añoranza de la patria perdida; los de dentro se convertirán en maestros de las nuevas generaciones.

Pedro Salinas (1892-1951)

Madrileño. Estudió Filosofía y Letras y Derecho, fue profesor de Literatura en varias universidades españolas y en Cambridge, y fundador de la Universidad de Verano de Santander. Exiliado a raíz de la guerra civil, fue profesor en Estados Unidos y en Puerto Rico. Además de poeta, fue un brillante crítico literario con importantes trabajos, como los dedicados a Jorge Manrique, Meléndez Valdés y Rubén Darío.

Para Salinas, los tres elementos básicos de la poesía eran, por este orden, la autenticidad, la belleza y el ingenio. Se ha hablado frecuentemente de él como poeta intelectual, por su propósito de llegar al significado último y esencial de las cosas. «Toda su poesía gravita hacia esa otra realidad del amor, de las cosas, del mundo, en busca de la pura existencia, del ser permanente», según afirma Concha Zardoya [6]. Pero hay que aclarar que en Salinas se da un profundo equilibrio humano en el que se hermanan la mente, la sensibilidad y el corazón.

Su obra poética, de una gran perfección artística, se presenta con una forma aparentemente espontánea, sencilla y escueta que es el resultado de un proceso de depuración rigurosa y selectiva. Suele emplear versos cortos sin rima, consiguiendo el ritmo con la constancia del metro y con la repetición de palabras, estructuras sintácticas y conceptos.

Presagios, 1923, *Seguro azar,* 1929, y *Fábula y signo,* 1931, forman su primera etapa poética en la que ya aparece lo que va a definir toda su obra: el *diálogo creador*. El *yo lírico del poeta* dialoga con el *tú de las*

---

[6] Cf. «La otra realidad de Pedro Salinas», en *Poesía española del siglo XX*, t. II, Madrid, Gredos, 1974, p. 106.

cosas. Hay en estos libros influencia de la *poesía pura* de J. R. Jiménez y del Futurismo y Ultraísmo, en el tratamiento de los temas de la vida moderna, pero intentando ver en estas realidades inmediatas un sentido más profundo, lo que caracterizará toda su obra.

A la segunda etapa pertenecen los dos libros má importantes, *La voz a ti debida*, 1933, y *Razón de amor*, 1936. El tema es el amor que trasciende los detalles cotidianos y se adentra en la esencia de su propia realidad. El amor como plenitud y sentido de la vida, que enriquece el yo del propio ser y el tú de la persona amada.

Los últimos libros, escritos en el exilio, fueron *El contemplado*, 1946, una bella meditación lírica ante el mar de San Juan de Puerto Rico, y *Todo más claro y otros poemas*, 1949, el libro más amargo de Salinas, expresión de su propia situación personal de exiliado y del mundo conflictivo que le rodea.

Jorge Guillén (1893-1984)

Nació en Valladolid. Como Salinas, fue catedrático en varias universidades europeas y españolas. Durante el exilio impartió clases en Estados Unidos y también fue un importante crítico literario, como lo prueba su libro *Lenguaje y poesía*.

El lenguaje poético de Guillén se sitúa en la llamada *poesía pura e intelectual*, una poesía que, sometida al rigor de la inteligencia, persigue lo esencial, eliminando los aspectos accesorios, las circunstancias y las anécdotas, pero no el sentimiento. A pesar de que se ha hablado de su frialdad y falta de humanidad, es un poeta de hondo contenido humano, lo que, a veces, es difícil de captar por esa conceptualización y depuración a la que somete sus poemas.

El estilo está en consonancia con lo arriba indicado. Su principal característica es la selección y depuración esencial del lenguaje: sobriedad verbal, palabras sencillas y elementales sin adornos retóricos, pero que, sabiamente escogidas y dispuestas, son muy sugerentes. Predominio de sustantivos —que designan la esencia de las cosas—, estructuras sintácticas muy simples, oraciones exclamativas, etc. A todo esto hay que añadir imágenes de gran riqueza y eficacia.

En la métrica emplea formas poemáticas de la tradición culta, como el soneto y la décima, de gran capacidad condensadora, y algunas de la tradición popular, como el romance. En los poemas de Guillén se observa un uso frecuente del encabalgamiento, con el que intenta transmitir al lector su ansiedad e intensidad emotiva.

El poeta castellano estuvo siempre obsesionado por la unidad global de su obra poética, a la que puso un título general, *Aire Nuestro,* y la estructuró en tres grandes series, muy enriquecidas en sucesivas ediciones: *Cántico,* 1928, 1936, 1945 y 1950; *Clamor* —formado por *Maremagnum,* 1957, ... *Que van a dar en la mar,* 1960 y *A la altura de las circunstancias,* 1963—, y *Homenaje,* 1967. Los poemas escritos después de este último libro los publicó bajo el título *Y otros poemas,* 1973.

Cántico es, como su nombre indica, un canto entusiasta a la maravilla del mundo creado, una afirmación jubilosa de toda la realidad, que engloba las cosas más diversas, sencillas y cotidianas, y de la Naturaleza entera. Todo puede ser cantado por el simple hecho de existir: «Ser. Nada más. Y basta. Es la absoluta dicha». Júbilo y alegría por el orden, la armonía, la unidad, la claridad..., la plenitud. Es su obra más importante y una de las cimas de la lírica contemporánea.

Clamor, aunque aparentemente supone una ruptura con relación a *Cántico*, es, como el propio poeta dijo, un «complemento»; la otra cara —la negativa— de la moneda. Junto a la belleza y perfección, que sigue cantando Guillén, introduce ahora el mal, el desorden, el mundo de los hombres con sus limitaciones —injusticia, hambre, guerra, muerte—, pero siempre con un afán superador, porque el poeta, a pesar de esta otra realidad, sigue apostando por la vida.

Homenaje vuelve al júbilo de *Cántico*, pero en otra dirección. *Homenaje* de amor, de amistad y de admiración por el arte, por la poesía, por la cultura, por los hombres que la han creado y por sus autores preferidos.

Gerardo Diego (1896-1987)

Nació en Santander y fue catedrático de Literatura en varios Institutos de Enseñanza Media y académico de la Lengua. Publicó una importante antología titulada *Poesía española. Antología, 1919-1931,* obra clarividente y hoy clásica, en la que incluyó a los poetas del 98, a J. R. Jiménez y a los del 27.

La obra poética de Gerardo Diego llama la atención, además de por su abundancia —casi cincuenta libros—, por la variedad de temas y de estilos. Se descubren en su producción dos claras direcciones que coexisten paralelamente y, a veces, se unen: una poesía de vanguardia y otra de corte tradicional. El mismo poeta explica así estas dos direcciones: «Yo no soy responsable de que me atraigan simultáneamente el campo y la ciudad, la tradición y el futuro; de que me encante el arte nuevo y me extasíe el antiguo; de que me vuelva loco la retórica hecha, y

me torne más loco el capricho de volver a hacérmela
—nueva— para mi uso particular e intransferible» [7].

En la poesía de vanguardia aparece Diego como el más destacado representante español del Creacionismo y del Ultraísmo. Es una poesía difícil, sin nexos lógicos, sin referencias a la realidad inmediata —desrealizada y deshumanizada—, con imágenes originales y complicadas, que buscan crear una realidad nueva y autónoma. Hay también uso del verso libre, ausencia de puntuación, curiosas disposiciones tipográficas, etc. Los dos libros más representativos de esta tendencia suya son *Imagen,* 1922, y *Manual de espumas,* 1924.

En su poesía de corte clasicista y tradicional emplea el romance, la décima, el soneto e imita las canciones populares. El poeta expresa su emoción y experiencia humana al tratar temas muy distintos: el paisaje, el amor, lo religioso —una excepción, juntamente con el Dámaso Alonso de postguerra, en la poesía del 27—, la música, los toros, etc. Los principales títulos son *El Romancero de la novia,* 1920, *Soria,* 1923, *Versos humanos,* 1925, y un espléndido libro de sonetos: *Alondra de verdad,* 1941.

Destaca en Gerardo Diego el dominio del verso y del lenguaje, la belleza de las imágenes, las metáforas múltiples y brillantes. En la combinación de ambas tendencias, vanguardista y tradicional, consigue los mejores poemas. Está considerado como uno de los más destacados sonetistas de la lírica española de este siglo, y varios de sus poemas son justamente famosos, como, por ejemplo: *El ciprés de Silos, Brindis, Romance del Duero, Insomnio, Revelación, Cumbre de Urbión, Cuarto de baño,* etc.

---

[7] Gerardo DIEGO, Prólogo a *Primera antología de sus versos,* Madrid, Espasa-Calpe, 1958, p. 15 (Austral, 219).

Federico García Lorca (1898-1936)

Nació en Fuentevaqueros (Granada). Estudió Derecho y Filosofía y Letras. Vivió en Madrid en la famosa Residencia de Estudiantes, en contacto con los principales escritores y artistas del momento. Su rica personalidad, su vitalismo —oscurecido por el presentimiento de un final trágico—, su gracia y encanto personal, su asesinato cerca de Granada, víctima de los odios de la guerra, y, en fin, su extraordinario talento como poeta y dramaturgo, le han convertido en el más famoso miembro de su Generación.

Lorca, como él mismo decía, es un poeta por la gracia de Dios y por la gracia de la técnica y del esfuerzo, es decir, une la predisposición natural para la creación poética —inspiración, imaginación, sensibilidad— a un riguroso trabajo en busca de la perfección.

Su principal característica es la fusión, en magnífica síntesis, de lo popular y lo culto. Toma de la poesía tradicional y de la canción popular andaluza —el cante jondo— temas, expresiones y formas, que, reelaboradas y transformadas por su propio estilo —estilizadas—, impregnado, a su vez, de la nueva estética, se convierten en una poesía de sello inconfundible.

El tema dominante es el del destino trágico, englobando en él el amor como frustración, la soledad, «la pena» y la muerte. Junto a este tema medular, aparece también en algunos poemas la gracia y la alegría bulliciosa, juguetona e infantil. Terminemos esta rápida caracterización destacando el sentido de la música y el ritmo y la renovación del lenguaje, mediante la creación de un universo metafórico —comparaciones, imágenes, metáforas— que constituye uno de los más sorprendentes hallazgos de la lírica española contemporánea.

Libro de poemas, 1921, es el primer intento, todavía

titubeante, de un poeta adolescente que busca un camino y un lenguaje propios. Hay en él influjos de Bécquer y del Modernismo español. *Canciones,* 1927, muestra una perfección mucho mayor, pero aún es una obra muy heterogénea. El tema del destino trágico aparece intensamente en uno de los mejores poemas, «Canción de jinete». *Poema del cante jondo,* 1931, es ya un libro unitario, sin altibajos, en el que el poeta ha encontrado su camino y su voz. El cante jondo, expresión popular del alma gitano-andaluza, se ha convertido, una vez cultamente estilizado, en la propia palabra de Lorca. El tema, obsesivo y recurrente, es la muerte.

Romancero gitano, 1928, es su libro más famoso. Es un canto a los gitanos andaluces, quienes, poseyendo un mundo propio, bello y libre, se ven abocados a la marginación y a la muerte. Hay en este poemario un perfecto ensamblaje entre narración y descripción, lirismo y dramatismo. Habiéndose popularizado por el tema, el metro, el erotismo, el colorido y la riqueza expresiva; sin embargo, es una obra difícil, debido a los extraños simbolismos y a la audacia de sus metáforas. Lorca renueva el viejo romance y logra así el punto más alto en la fusión de lo vanguardista y lo tradicional.

Poeta en Nueva York, 1940. El origen de este libro fue el impacto que le causó a Lorca su estancia en 1929 en la gran urbe norteamericana. El poeta vio en esta ciudad el ejemplo palpable de los aspectos más negativos y sombríos de la civilización contemporánea: el poder del dinero, la esclavitud del hombre por la máquina, las injusticias raciales, la ruptura con la naturaleza, la contaminación, el materialismo, la soledad, la deshumanización... Con esta obra dio un viraje brusco a su poesía. Para expresar su desolación ante este mundo caótico, de pesadilla y horror, adoptó las técnicas surrealistas —imágenes incoherentes, oníricas y enigmáticas, en libre asociación y con visiones delirantes— y el versículo largo.

Es decir, una técnica basada en lo ilógico y en lo no-racional, para expresar la realidad absurda de una ciudad monstruosa que es, no un ámbito humanizado para vivir la vida, sino un oscuro laberinto de muerte. Los poemas de *Poeta en Nueva York*, con ciertas influencias de los «espirituales» negros y del gran poeta norteamericano Walt Whitman, son un ejemplo del mejor surrealismo español que, como dijimos en su momento, no responde a un puro automatismo psíquico, sino que, a partir de una intención deliberada, emplea las técnicas de este movimiento.

Llanto por Ignacio Sánchez Mejías, 1935, es, tal vez, la obra más perfecta de García Lorca. Se trata de una emocionada elegía —una de las más hermosas de la literatura española— por el torero amigo, muerto en la plaza de toros de Manzanares (Ciudad Real) en agosto de 1934. Es una lograda síntesis del mundo poético lorquiano: los acentos populares se combinan aquí magistralmente con los descubrimientos surrealistas de su obra anterior. «La elegía, dividida en cuatro partes *(La cogida y la muerte, La sangre derramada, Cuerpo presente* y *Alma ausente)* integra armoniosamente el mundo natural y los grandes símbolos míticos del poeta, con las imágenes discordantes de procedencia abstracta y un vocabulario concreto, fuertemente impregnado de ambiente rural y de corridas de toros»[8].

Diván del Tamarit, 1940, está formado por veintiún poemas breves en los que se concentra lo oriental, la técnica surrealista y lo popular andaluz de sus primeros libros, en torno a los dos temas lorquianos preferentes: el amor y la muerte.

---

[8] Gustavo CORREA, ed., *Antología de la poesía española (1900-1980),* t. I, Madrid, Gredos, 1980, p. 34.

Recientemente, en 1985, se han dado a conocer los llamados *Sonetos del amor oscuro,* compuestos entre 1929 y 1936. Estos poemas son una lograda expresión —en la mejor línea de la poesía clásica española— del sentimiento amoroso: la plenitud y el dolor del amor.

Vicente Aleixandre (1898-1984)

Nació en Sevilla y su infancia transcurrió en Málaga, pero la mayor parte de su vida residió en Madrid, dedicado exclusivamente a la labor poética. Fue académico de la Lengua y premio Nobel de Literatura en 1977. Vicente Aleixandre, con un marcado sentido humano de la acogida, alentó y orientó a muchos poetas españoles de la postguerra.

En su copiosa producción poética se observa una unidad que el crítico Carlos Bousoño condensó en «un impulso primario frente al cosmos: la solidaridad amorosa del poeta, del hombre, con todo lo creado». El estilo destaca por las imágenes grandiosas, de tipo surrealista, por un lenguaje prolijo y ampuloso y por el uso de una métrica libre con versos largos y solemnes.

La crítica más reciente ha establecido tres etapas en la evolución de su poesía. La primera se caracteriza por un impulso afectivo hacia la naturaleza entera, una poesía «cósmica» y «natural», con procedimientos técnicos surrealistas. Los principales libros son: *Pasión de la tierra,* 1932, *Espadas como labios,* 1932, y *La destrucción o el amor,* 1935; en este último libro, clave en la obra de Aleixandre, el mundo aparece como una unidad total hacia la que el hombre se ve impelido por el amor. *Sombra del Paraíso,* 1944, sirve de tránsito a la segunda etapa, cuyo libro más representativo es *Historia del corazón,* 1954, y que se caracteriza por ser el hombre, el acontecer humano histórico y la solidaridad humana, el centro de su poesía. La tercera etapa es la de la madurez y en ella destacan dos libros: *Poemas de la consumación,* 1968, y *Diálogos del conocimiento,* 1974, en los que el poeta vuelve a enlazar con el surrealismo inicial, pero con una intención, más reflexiva, de querer comunicarse consigo mismo ante el cercano final de su vida.

Luis Cernuda (1902-1963)

Nació en Sevilla y, como otros miembros del grupo, fue también profesor, primero en Toulouse y, durante el exilio, en Inglaterra, Estados Unidos y México, en donde murió. Fue un hombre solitario, de carácter difícil, hipersensible y dolorido, en quien la conciencia de ser un marginado por su homosexualidad explica, por una parte, su aislamiento y, por otra, su rebeldía.

Cernuda dio a toda su obra poética el título unificador y significativo de *La realidad y el deseo,* que resume perfectamente su sentido. La aspiración y el anhelo de realización personal y los sueños más hermosos, chocan con el mundo que le rodea y con una realidad hostil, y de esta tensión provienen los temas dominantes: la añoranza de un mundo habitable, la soledad, la frustración, el ansia de belleza, el hastío y, sobre todo, la pasión del amor como experiencia suprema del hombre, pero dolorosa también.

A propósito de la poesía inglesa, que llegó a conocer muy bien, Luis Cernuda escribió: «El efecto poético me pareció mucho más hondo si la voz no gritaba ni declamaba [...], si era menos gruesa y ampulosa. La expresión concisa daba al poema contorno exacto, donde nada faltaba ni sobraba»[9]. Pues bien, estas características definen su propia obra, en la que el mundo interior del poeta —de un profundo lirismo y con mucho de sentimiento romántico— se manifiesta por medio de una forma nunca grandilocuente, sino contenida, a la manera de Bécquer a quien tanto admiraba. Cernuda rechaza el lenguaje brillante y excesivo en imágenes, y adopta un tono conversacional, con el empleo oportuno y preciso de palabras cotidianas que cobran sentido, no aisladamente, sino en el propio texto; también rechaza los ritmos demasiado marcados y apenas emplea la rima.

El primer libro, de poesía pura y con influencias de Guillén, fue *Perfil del aire,* 1927. *Un río, un amor,* 1936, y *Los placeres prohibidos,* 1936, plantean el tema del amor como deseo de comunicación y como experiencia de soledad, con procedimientos surrealistas. En *Donde habite el olvido,* 1935, los rasgos surrealistas dejan paso, en gran parte, a un lenguaje más claro; es un libro importante, desgarradoramente sincero y desolado: muere el amor y queda el olvido.

Los libros escritos después de la guerra civil, en el exilio, amplían la temática: la guerra, la experiencia del destierro, el recuerdo de la patria, entre añorante y amargamente despechado. Como representativos de esta etapa se deben citar *Las nubes,* 1940, y también *Vivir sin estar viviendo,* 1958. *Desolación de la quimera,* 1962, —tal vez el mejor libro de Cernuda— es una despedida del poeta que, sintiéndose ya viejo, vuelve, en una mirada abarcadora, síntesis de todas sus preocupaciones, a los

---

[9] Luis CERNUDA, «Historial de un libro» (1958), en *Poesía y literatura* I y II, Barcelona, Seix Barral, 1971, p. 200.

temas de la niñez perdida, del amor ya imposible, del destierro y la patria lejana, y del arte.

Escribió también dos hermosos libros de prosa poética, *Ocnos,* 1942, y *Variaciones sobre un tema mexicano,* 1952, evocaciones líricas sobre recuerdos de su Andalucía natal y sobre México, la tierra de adopción.

Luis Cernuda fue un poeta maldito, desterrado y rebelde, difícil de encasillar, que ha ido imponiéndose y revalorizándose por la extraordinaria calidad de su voz, una de las más originales y puras de la lírica moderna española, y de quien Octavio Paz ha llegado a afirmar «que ha escrito algunos de los poemas más intensos, lúcidos y punzantes de la historia de nuestra lengua» [10].

El poeta sevillano condensa en este magnífico cuarteto el conflicto esencial, tema predominante de toda su poesía:

> «Tus ojos son los de un hombre enamorado;
> tus labios son los labios de un hombre que no cree
> en el amor». «Entonces dime el remedio, amigo,
> si están en desacuerdo realidad y deseo».

«Música cautiva», *Desolación de la quimera,* 1962.

Rafael Alberti (1902)

Nació en El Puerto de Santa María (Cádiz). Se trasladó muy pronto a Madrid, donde quiso dedicarse a la pintura, afición que nunca abandonó del todo. Trabó amistad con otros miembros de la Generación y comenzó a escribir poesía. Se afilió al Partido Comunista y, durante la

---

[10] Suplemento de *Caracola,* núm. 81, julio 1959.

Guerra Civil, desarrolló una importante actividad cultural al servicio de la causa republicana. Estuvo exiliado en Argentina y, poco antes de regresar a España, en Italia.

Alberti es un autodidacta, conocedor de la literatura española, admirador de Gil Vicente, del Romancero y Cancionero populares, de Garcilaso, Góngora, Lope de Vega, Bécquer, Juan Ramón Jiménez y Antonio Machado. Su más destacada característica es la versatilidad y la variedad de tonos y estilos que pueden apreciarse en su obra: lo popular y lo culto, lo surrealista y lo clásico, la poesía pura y la existencial. Es, como Lorca, un poeta neopopularista que sintetiza magistralmente —siguiendo la mejor tradición poética española— la vena poética popular y la elaboración culta.

Toda su poesía evidencia una gran maestría formal, destacándose en ella la potencia verbal e imaginativa, la fluidez y musicalidad, la eficacia de las imágenes y los efectos plásticos. A lo largo de su obra hay «una vuelta continua a las raíces, una búsqueda ininterrumpida de la "arboleda perdida"» (Ricardo Senabre): la nostalgia, primero, de su mundo infantil perdido —El Puerto de Santa María y el mar— y de su patria, después, cuando está en el destierro.

El primer libro de Alberti, *Marinero en tierra,* 1925, fue Premio Nacional de Literatura. En poemas cortos, llenos de luz y color, expresa el poeta la añoranza de su tierra natal y del mar de su infancia, empleando preferentemente formas de la lírica popular, elaboradas cuidadosamente. *La amante,* 1926, es un conjunto de cancioncillas cortas, desnudas y muy concentradas, también inspiradas en la poesía popular y que surgen como fruto de un viaje por el interior de la Península.

Cal y canto, 1929, supone un cambio hacia lo culto y la vanguardia. La influencia de Góngora se alía con temas y formas vanguardistas. *Sobre los ángeles,* 1929, es un libro plenamente surrealista en el que el autor expresa un mundo en descomposición. Cada uno de los «ángeles» simboliza los vicios y miserias humanas. *El poeta en la calle,* 1938, da título a una serie de poemas surgidos con motivo de la Guerra Civil española que abren otro de los caminos de su obra: la poesía como arma política, de urgencia, comprometida y, a veces, panfletaria.

Entre los numerosos libros escritos en el exilio, abiertos a nuevos temas y formas, destacan: *A la pintura,* 1948, homenaje del autor a un arte siempre presente en su vida. La añoranza de España, la nostalgia de la patria perdida, desde su situación de desterrado, es el tema central de *Retornos de lo vivo lejano,* 1952, y de *Ora marítima,* 1953. *Roma, peligro para caminantes,* 1968, es uno de los últimos libros de Alberti, en homenaje a la ciudad italiana que le acogió en su última etapa de destierro.

La poesía de León Felipe, Juan Gil-Albert y Miguel Hernández

Tratamos en este apartado tres figuras poéticas difíciles de clasificar debido a sus ricas y poderosas personalidades.

La poesía de León Felipe no pertenece ni al 98, ni a la poesía pura, ni a las vanguardias o al 27. Juan Gil-Albert ha sido considerado por algunos como un miembro más de la Generación del 27 y, por otros, como perteneciente a la llamada Generación del 36. Sus libros de poesía fueron escritos durante la guerra, en el exilio y, al regreso bastante temprano, de nuevo en España. Su obra poética posee una marcada singularidad en temas y estilo y es, por tanto, difícil de encasillar. Miguel Hernández estuvo muy ligado a algunos miembros de la Generación del 27, pero la edad, las peculiarísimas circunstancias vitales y su propia voz poética lo distancian claramente de dicha Generación, aunque sí es verdad que su obra ha actuado como un eslabón entre aquellos poetas —los del 27— y las generaciones posteriores.

León Felipe (1884-1968)

Nació en Tábara (Zamora). Farmacéutico, bohemio y nómada, recorrió España y Portugal trabajando de actor en una compañía de teatro. Viajó varias veces a América y, a raíz de la Guerra Civil, se exilió definitivamente en México, donde murió.

León Felipe fue un espíritu inquieto, enemigo de los convencionalismos sociales y de los prejuicios burgueses, anárquico e idealista utópico. Como poeta, lo que más se destaca en él es la originalidad y la fuerza de su voz —independiente respecto de cualquier escuela— y el deseo de libertad absoluta en la expresión artística —fiel a sí mismo—, como proclamó en la presentación de su primer libro. León Felipe escribe sin adornos ni rebuscamientos, emplea el versículo, con abundantes reiteraciones y frecuentes períodos discursivos —a veces, con caídas de la concentración poética—, pero es siempre un poeta cargado de pasión y sinceridad, como un viejo profeta que clama en solitario contra la injusticia, el fariseísmo y la patria traicionada.

Sus principales libros son: *Versos y oraciones de caminante,* 1920, *Español del éxodo y del llanto,* 1939, *Ganarás la luz,* 1943, y *¡Oh, este viejo y roto violín!,* 1965.

Juan Gil-Albert (1906)

Nació en Alcoy (Alicante). Fue uno de los fundadores de la revista *Hora de España,* importante publicación cultural de la España republicana durante la guerra. En 1936 publicó dos poemarios, *Misteriosa presencia* y *Candente horror.* Al finalizar la Guerra Civil se exilió a México y allí colaboró en diversas publicaciones hispanoamericanas; en Argentina publicó *Las ilusiones con los poemas del convaleciente,* 1944.

Regresó a España en 1947 para vivir retirado y desconocido en un verdadero exilio interior, y siguió escribiendo poesía. La aparición de una antología suya, *Fuentes de la constancia,* 1972, supuso el asombro y el reconocimiento de su alta calidad poética.

De Gil-Albert se ha dicho que es un poeta al margen de la moda, contemplador y gozador de la naturaleza y, al mismo tiempo, en profunda meditación sobre el hombre y su destino. Lo ético y lo estético, lo clásico y lo romántico, lo exquisito y lo coloquial, lo reflexivo y lo sensual se muestran, con difícil pero logrado equilibrio, en una poesía evocadora, nostálgica y emocionada, escrita con un lenguaje sobrio y elegante.

Miguel Hernández (1910-1942)

Nació en Orihuela (Alicante). Estudió durante dos años en el colegio de Santo Domingo de los padres jesuítas, pero tuvo que abandonarlo para ayudar a su padre, cuidando un rebaño de cabras. Desde muy joven comenzó a entusiasmarse por la poesía, leyendo a los clásicos y participando en tertulias literarias. Hay que destacar la importancia que tuvo en su formación cultural su amigo Ramón Sijé, joven intelectual oriolano. Años después, ya en Madrid, entabló amistad con los poetas del 27, especialmente con Vicente Aleixandre, y con el chileno Pablo Neruda, que influirían en su vida y en su poesía. Al estallar la guerra civil tomó partido por la causa republicana y luchó en este bando con las armas y la poesía. Se casó con Josefina Manresa, con la que tuvo un primer hijo, muerto al poco de nacer, y otro segundo al finalizar la guerra. Encarcelado al término de ésta, murió en la cárcel de Alicante, víctima de un proceso agudo de tuberculosis pulmonar.

La poesía de Miguel Hernández se encuentra en el extremo opuesto del «arte deshumanizado». Se caracteriza por su tono viril y arrebatado, su humana sinceridad y su perfección técnica. Emplea con abundancia las metáforas, a veces primitivas y elementales; otras, impregnadas de surrealismo, pero siempre llenas de fuerza. Destacan las continuas referencias y evocaciones de la vida natural y campesina. El principal tema poético es el amor. «Un amor que abarca todo: será apasionado e inquieto cuando piensa en Josefina; fraternal y generoso cuando recuerda a los amigos; panteísta cuando se dirige a la naturaleza; solidario, cuando a las gentes del pueblo»[11].

Su primer libro, *Perito en lunas,* 1933, es más que nada un ejercicio retórico y formal, de marcada influencia gongorina. En *El rayo que no cesa,* 1936, la voz del poeta es madura y personal, asimiladas ya todas las influencias. La mayor parte del libro son sonetos en los que expresa apasionadamente sus deseos insatisfechos de vida y amor y su anhelo de perpetuarse. «El rayo que no cesa» —la pena y el dolor— atenaza su corazón con

---

[11] Juan J. AMATE, *Curso de Literatura Española. Orientación Universitaria,* Madrid, Alhambra, 1978, p. 293.

oscuros presagios de muerte. En esta obra se incluye la famosa *Elegía* a Ramón Sijé, impresionante poema de amistad y dolor por la temprana muerte de su «compañero del alma». Está escrita en tercetos encadenados y en ella el poeta conjuga admirablemente el desgarrador sentimiento por la muerte tan injustamente prematura y los dulces y serenos recuerdos de la fraternal amistad juvenil. *Viento del pueblo,* 1937, —como el libro siguiente— incluye poemas épicos, poesía social y política, de compromiso inmediato ante la guerra civil. La guerra es vivida y sentida desde muy cerca y la muerte es una amenaza palpable. El lenguaje se ha simplificado y la preocupación estética se subordina a la necesidad de una poesía directa, de urgencias. *El hombre acecha,* 1939, es también un libro nacido de la angustia y dolor que le rodean, de su condición de «hombre en guerra».

Cancionero y romancero de ausencias fue compuesto, en su mayor parte, en la cárcel, entre 1938 y 1941. Son poemas con un lenguaje muy depurado, generalmente en versos cortos de gran perfección. Miguel Hernández se rebela contra tanta injusticia, tanta «cárcel» que se ceba en él, e intenta remontar su desesperación cantando el amor por su esposa y su hijo. Un hermoso poema de esta época son las *Nanas de la cebolla,* «dedicadas a su hijo, a raíz de recibir una carta de su mujer en la que le decía que no comía más que pan y cebolla».

Miguel Hernández ha sido —y sigue siéndolo— un poeta muy querido por su extraordinaria calidad humana, por su lucha en busca del amor, la justicia y la libertad y, en fin, por su pasión hecha palabra, con una fuerza comunicativa soprendente que se puede sintetizar en estos dos versos suyos:

«la lengua en corazón tengo bañada
y llevo al cuello un vendaval sonoro».

II. LA POESIA ESPAÑOLA DESDE EL FINAL
DE LA GUERRA CIVIL HASTA LOS AÑOS 80

España en este período

La guerra civil (1936-1939) influyó profundamente en todos los aspectos de la vida española y también, por supuesto, en la actividad literaria. La tremenda sacudida —dolor, privaciones, desconcierto y parálisis social— que la contienda supuso no produjo, claro está, un ambiente propicio para la creación artística y, además, otras circunstancias dificultaron todavía más el normal desenvolvimiento del quehacer literario.

En primer lugar, hay que señalar la muerte de algunos de los más importantes escritores del período anterior. Miguel de Unamuno y Ramón del Valle Inclán murieron el mismo año de 1936; Federico García Lorca fue asesinado en los primeros días de la guerra, y los últimos coletazos de ésta, a los que se añadieron penosas circunstancias personales, aceleraron el final de Antonio Machado (Collioure —Francia—, 1939) y de Miguel Hernández, víctima indirecta del enfrentamiento nacional, que murió en la prisión de Alicante en 1942. A estas pérdidas físicas, irreparables para la literatura española, hay que sumar la salida de España de un importante número de escritores que se vieron obligados a exiliarse, por motivos políticos o éticos, y que formaron, junto con otros muchos artistas e intelectuales, la llamada «España peregrina», que desarrolló en diversos países de Hispanoamérica una fecunda labor cultural.

Además, el aislamiento internacional a que se vio sometida España y la pacata —y, al principio, muy rigurosa— censura de prensa, hicieron muy difícil, durante mucho tiempo, el conocimiento de la literatura foránea de aquellos momentos. Todo ello supuso un clima de extremada pobreza cultural. Esta situación fue particularmente sombría durante la década de los cuarenta y, ya muy avanzados los cincuenta, el estado de cosas se fue modificando lentamente, iniciándose una paulatina apertura. Mediados los años cincuenta se reanudaron las relaciones diplomáticas y, a partir de los sesenta, comienza el despegue económico, la fuerte emigración interior y exterior, el turismo extranjero y algunas tímidas reformas socio-políticas. Los últimos años del régimen franquista conocieron una creciente e imparable oposición. El mismo año de la muerte de Franco, 1975, Don Juan Carlos de Borbón fue proclamado rey de España; con las elecciones generales de 1977 se abrió pacíficamente el proceso democrático y en 1978 se promulgó la nueva Constitución.

España, con un régimen de libertades democráticas e integrada de pleno derecho en la Europa comunitaria, se enfrenta al reto de solucionar los agudos problemas sociales, económicos y culturales y adecuarse definitivamente a las exigencias del mundo moderno.

La poesía de la década de los 40

La primera poesía que se escribe en España, después de finalizada la guerra civil, busca los valores formales, el verso bien hecho, y se evade, quizá inconscientemente, de la cruda realidad en que está sumido el país. Hay un primer grupo de poetas formado por Luis Felipe Vivanco, Leopoldo Panero, Luis Rosales y Dionisio Ridruejo, que, unidos por la amistad y por una misma conciencia política y poética, escriben en la sección literaria de la revista *Escorial,* fundada en 1940. En 1943 salió el primer número de otra, exclusivamente poética, llamada *Garcilaso,* que aglutinaba a un grupo de escritores jóvenes, autodenominado «juventud creadora», del que destaca el director, José García Nieto. Es verdad que estas dos revistas daban cabida en sus páginas a otros poetas de muy distinta filiación poética, pero también es cierto que lo que ellos propugnaban —especialmente *Garcilaso*— es el tipo de poesía que estamos describiendo. Predominan las formas clásicas, sobre todo el soneto, y una poesía intimista cuyos principales temas son la familia, la religión, el paisaje y el amor. Es, en la conocida denominación de Dámaso Alonso, una «poesía arraigada», en la que la pasión, el grito y la denuncia de la trágica realidad circundante estarán, en general, ausentes.

En 1944 se produjo una ruptura con este tipo de poesía por la publicación de dos libros, *Hijos de la ira,* de Dámaso Alonso, y *Sombra del paraíso,* de Vicente Aleixandre, y por la aparición de una nueva revista poética, *Espadaña.*

El autor de *Hijos de la ira,* Dámaso Alonso, perteneció a la Generación del 27, pero en el período en que se desenvolvió dicha Generación como tal —una década larga anterior a la guerra civil—, la figura de Dámaso Alonso no destaca como poeta, sino, sobre todo, como profesor de filología y crítico literario. En 1944, el inesperado título poético del que estamos hablando fue un auténtico revulsivo. El libro tuvo su razón de ser en la «terrible sacudida de la guerra española», agravada fuera de nuestras fronteras por la segunda guerra mundial. En palabras del propio autor: «Yo escribí *Hijos de la ira* lleno de asco ante la estéril injusticia del mundo y la total desilusión de ser hombre» [12].

Esta obra rompió con el formalismo del verso clásico —casi toda ella está escrita en versículos— y del lenguaje cuidadosamente poético de la poesía oficialmente dominante. Incorporó el lenguaje coloquial, directo y «prosaico» y, como ha dicho García de la Concha, «abrió un surco fecundísimo de comunicación al elevar a rango de arte literario el lenguaje cotidiano» [13].

Hijos de la ira se inserta en lo que el mismo Dámaso denominó «poesía desarraigada», frente a la «arraigada», a la que ya nos hemos referido. «Para otros, el mundo nos es un caos y una angustia, y la poesía una frenética busca de ordenación y ancla. Sí, otros estamos muy lejos de toda armonía y toda serenidad. [...] Hemos contemplado el fin de este mundo, planeta ya desierto en el que el odio y la injusticia, monstruosas raíces invasoras, habrán ahogado, habrán extinguido todo amor, es decir, toda vida. Y hemos gemido largamente en la noche. Y no sabemos hacia dónde vocear» [14].

En definitiva, *Hijos de la ira* es un libro insólito que rompió, con su desgarro, con su «impureza» y con su expresión desoladora y amarga de la realidad, las tranquilas aguas del panorama poético del momento y señaló un nuevo camino a la poesía de aquellos años.

Sombra del paraíso supuso la salida de Vicente Aleixandre de un prolongado silencio. El libro es una cosmovisión panteísta, con cierto tono neorromántico, pero

---

[12] Dámaso ALONSO, *Hijos de la ira,* ed. Elias L. Rivers, Barcelona, Labor, 1970, p. 30.

[13] Víctor GARCÍA DE LA CONCHA, «La poesía española actual», en *Boletín informativo* de la Fundación Juan March, n.° 131, noviembre 1983, p. 6.

[14] Dámaso ALONSO, *Poetas españoles contemporáneos,* Madrid, Gredos, 1969, p. 349.

escrito desde la pasión y emoción poética, lejos de todo convencionalismo; y significó un enriquecimiento y un notable influjo en la poesía española. Aleixandre afirmó que su libro era «un canto de la aurora del mundo, vista desde el hombre presente; cántico de la luz desde la conciencia de la oscuridad» [15].

La ruptura y protesta que supuso *Hijos de la ira* hay que aplicarla también a *Espadaña*. Esta revista de poesía fue fundada en León en 1944 por Antonio González de Lama, Victoriano Crémer y Eugenio de Nora. Nació enfrentada a los presupuestos de la revista *Garcilaso* y defendió y acogió en sus páginas una poesía comprometida, expresión del hombre como ser social e histórico, que asume las circunstancias y los problemas del momento, que se apasiona y grita ante la situación conflictiva del ser humano contemporáneo, y que defiende la libertad de metro y de palabra para expresar, de la mejor manera posible, el mundo del creador. *Espadaña* fue un primer acercamiento de los poetas de entonces a la realidad del momento y un primer paso hacia lo que, más tarde, habría de llamarse «poesía social».

Al final de esta década, en 1947, se publicó un libro de poesía titulado *Los muertos*. Su autor fue el malogrado poeta santanderino José Luis Hidalgo (1919-1947), desaparecido precisamente unos días antes de que saliese a la luz este libro suyo. *Los muertos* es una obra muy importante en la que el poeta, con capacidad imaginativa, manifiesta la angustia ante la muerte y la búsqueda de un misterioso Dios, a veces con mansedumbre y otras —como Unamuno— imprecatoriamente, búsqueda que se queda, con frecuencia, en aterradora duda de su existencia.

---

[15] Vicente ALEIXANDRE, *Obras completas,* Madrid, Aguilar, 1968, p. 1472.

Como ya hemos visto, en esta importante corriente poética «desarraigada» nos encontramos con una poesía de índole «existencialista» que contempla al hombre «aherrojado» en un mundo hostil e incomprensible, atenazado por «la soledad, el vacío, la incertidumbre, el miedo, el dolor, la angustia del vivir y del morir y la búsqueda de un refugio sereno o atormentado en Dios, como posible remedio o como simple invocación agónica» [16].

Blas de Otero —y también otros poetas de quienes hablaremos en el siguiente apartado— será quien mejor y más intensamente exprese, sobre todo en las primeras épocas de su obra poética, esta angustiosa e íntima problemática existencial.

La poesía de la década de los 50

Como ya hemos visto, la primera poesía de postguerra, la representada por *Garcilaso*, se olvida de la dura realidad, de la amargura y del dolor de vivir, de la injusticia y de la miseria. *Espadaña* e *Hijos de la ira* abrieron un camino en la rehumanización de la poesía, lo que dio como principal fruto la llamada «poesía social» de los años cincuenta.

Los principales poetas de esta tendencia fueron Ángela Figuera, Gabriel Celaya, Blas de Otero y otros, que se aproximaron a ellos por el talante ético y de testimonio social de sus versos, entre los que hay que resaltar a Gloria Fuertes, José Hierro y Rafael Morales.

Para estos poetas la poesía, como vehículo de comunicación, ha de reflejar la realidad del momento, olvidando el anterior tono intimista. «Los poetas asumen la

---

[16] José Enrique Martínez, *Antología de la poesía española (1939-1975)*, Madrid, Castalia, 1989, p. 302.

misión de testificar sobre su tiempo, su tierra y el hombre que la habita. De ninguna forma quieren ser un susurro aletargante. Por ello y para ello abren bien los ojos del cuerpo y del espíritu. Lo que ven es una patria sin paz ni palabra, unos hombres acosados por el hambre y la miseria, por la injusticia, en todos los campos del hacer y del saber» [17]. Adoptarán, por tanto, actitudes realistas, testimoniales, solidarias y críticas. Algunos, incluso, llegarán a pensar que la poesía debe ser un instrumento para transformar el mundo, mediante la denuncia de la injusticia y la opresión en que el hombre se encuentra. Al contrario que Juan Ramón Jiménez, que dirigía su obra «a la minoría, siempre», Blas de Otero y Gabriel Celaya se dirigen «a la inmensa mayoría»: «Nuestros hermanos mayores escribían para la "inmensa minoría". Pero hoy estamos ante un nuevo tipo de receptores expectantes. Y nada me parece tan importante en la lírica reciente como ese desentenderse de las minorías y, siempre de espaldas a la pequeña burguesía semiculta, ese buscar contacto con las desatendidas capas sociales que golpean urgentemente nuestra conciencia llamando a la vida. Los poetas deben prestar voz a esa sorda demanda. En la medida en que lo hagan "crearán" su público, y algo más que un público» [18].

Como consecuencia de lo anteriormente expuesto, estos poetas pretenden un contenido claro, y para ello emplean un lenguaje sencillo y comprensible, expresiones coloquiales y, con frecuencia, el verso libre y el versículo; lo que no obsta para que exista en estos poetas

---

[17] José JIMÉNEZ OLIVA, «Panorama de la poesía de postguerra» en M. Díez Rodríguez, M. P. Díez Taboada y L. de Tomás Vilaplana, *Literatura Española. Textos, crítica y relaciones, II: siglos XVIII, XIX y XX*, Madrid, Alhambra, 1984, p. 711.

[18] Gabriel CELAYA, «Poesía eres tú», en *Antología consultada de la joven poesía española*, Valencia, Bello, 1952, p. 46.

citados —no en otros— una cuidadosa elaboración formal en busca de esa comunicación efectiva. Como trasfondo de esta poesía se sitúan, de una u otra manera, las figuras señeras de Antonio Machado, César Vallejo o Miguel Hernández.

Ángela Figuera (1902-1984)

Ángela Figuera Aymerich, aunque pertenece cronológicamente a la Generación del 27, comenzó a publicar bastante tardíamente —su primer libro, *Mujer de barro,* es de 1948—. Con *Vencida por el ángel,* 1950, y *El grito inútil,* 1952, se inscribe de lleno en una poesía comprometida humana y socialmente. Su obra más importante se titula *Belleza cruel,* 1958, un canto apasionado a la libertad y solidaridad, y una denuncia de la injusticia y la opresión, en versos de una extraordinaria fuerza y calidad poética. Juntamente con la defensa del hombre, aparece en la voz de Ángela Figuera su profunda feminidad como mujer y como madre.

Gabriel Celaya (1911-1991)

Su actividad poética viene de muy atrás. Amigo y continuador de los poetas del 27, surrealista, existencialista, ha sido, sobre todo, el poeta más representativo del realismo social de esta década que estudiamos. Sus palabras son claras: «Nada de lo que es humano debe quedar fuera de nuestra obra». «La poesía no es un fin en sí. La poesía es un instrumento, entre otros, para transformar el mundo». Poesía, en definitiva, como compromiso y revolución. Si la poesía, según él, ha de tener una función inmediata en la realidad, tendrá que emplear un lenguaje directo, prosaico, no embellecido. Todo ello aparece en su poema más famoso y de tan grande significación histórica: «La poesía es un arma cargada de futuro» *(Cantos iberos,* 1955, nº 163 de la antología), que «alcanza, incluso, carácter de manifiesto estético y se convierte en uno de los textos clave de la poética comprometida de los cincuenta».[19].

Las cartas boca arriba, 1951, *Lo demás es silencio,* 1952, y la ya citada *Cantos iberos,* 1955, son las obras más representativas de la tendencia social en la poética de Celaya.

Blas de Otero (1916-1979)

Es, tal vez, el poeta español más importante de la segunda mitad del siglo XX. Su poesía, de profundo lirismo, se debate entre la esperanza y la dificultad del ser y del vivir en un duro presente, como lo expresa al comienzo de su poema «La tierra»:

> «Un mundo como un árbol desgajado.
> Una generación desarraigada.
> Unos hombres sin más destino que
> apuntalar las ruinas».
>
> *(Ángel fieramente humano,* 1950)

---

[19] Santos Sanz Villanueva, *Historia de la literatura española, 6/2. Literatura actual,* Barcelona, Ariel, 1984, p. 354.

Blas de Otero emplea muy variados medios expresivos y en su obra se distinguen, principalmente, cuatro grandes tendencias: «poesía existencialista» —sentido del hombre, del mundo y de Dios—; «poesía amorosa»; «poesía social» —del yo al nosotros, de los problemas personales a los problemas de todos, la paz y la justicia; y, por fin, «el tema de España», presente en toda su obra —«España como preocupación» y el anhelo de paz, justicia y libertad para su patria.

El poeta es un laborioso trabajador del lenguaje, aunque no lo parezca a primera vista. Las más notorias características de su estilo, tan fuertemente expresivo, son el uso de aliteraciones, paralelismos, juegos de palabras y expresiones coloquiales. Emplea formas métricas clásicas —el soneto—, el verso libre y el versículo. Hay que destacar el ritmo duro, distorsionado, con abundancia de encabalgamientos, mediante el que comunica su pasión arrebatada. Sus principales libros son: *Ángel fieramente humano,* 1950, *Redoble de conciencia,* 1951, *Ancia,* 1958, —refundición de los dos libros anteriores, con nuevos poemas—, *Pido la paz y la palabra,* 1955, *En castellano,* 1959, y *Que trata de España,* 1964.

Rafael Morales (1919)

Se considera poeta social, si ello significa, según escribe él mismo, «ser poeta con los dos ojos muy abiertos para la verdad, la libertad, el amor y la justicia... ya que mi poesía, por humana, no puede estar ajena a algo tan humano como todo eso, pero tampoco a todo lo demás». La poesía de Rafael Morales se asienta, en palabras suyas, en «la búsqueda de la belleza expresiva, que afecta al aspecto formal; la atracción de la realidad del mundo que afecta a los temas; el amor, que afecta al contenido esencial, al sentido más profundo y universal de toda ella»[20]. Sus principales libros son: *Poemas del toro*, 1943, *Los desterrados*, 1947, *Canción sobre el asfalto*, 1954, y *La máscara y los dientes*, 1958.

José Hierro (1922)

Su poesía social, en un sentido amplio, se caracteriza por la preocupación por el hombre, por la atención a la realidad cercana, de la que quiere dejar constancia, y por el tono, testimonial y casi narrativo, que, con frecuencia, adopta. También destaca la sencillez de su expresión. «En general, mi poesía es seca y desnuda, pobre de imágenes. La palabra cotidiana, cargada de sentido, es la que prefiero. Para mí, el poema ha de ser liso y claro como un espejo ante el que se sitúa el lector». Principales libros: *Tierra sin nosotros*, 1947, *Quinta del 42*, 1952, *Cuanto sé de mí*, 1957, y *Libro de las alucinaciones*, 1964.

La poesía de la década de los 60

La llamada «poesía social» de los años 50, a veces excesivamente radical, repetitiva y prosaica, produjo un cierto cansancio y un natural agotamiento. Un importante grupo de poetas superaron los contenidos más decla-

---

[20] Rafael MORALES, *Poesías completas*, Madrid, Giner, 1967, p. 9.

radamente sociales —denuncia de la opresión, de la miseria y de la injusticia— y emprendieron un rumbo poético hacia aspectos, desde luego humanos y solidarios, pero entendidos más amplia y libremente, y con un decidido interés por los valores estéticos y las posibilidades del lenguaje.

Aunque hay críticos que los clasifican como grupo poético de los años 50, pues algunos de ellos publican sus primeros libros en esta década, sin embargo, parece más acertado llamarlos poetas de los años 60, porque es en esta otra década cuando llegan a su madurez e imponen su poética.

Nacidos entre 1925 y 1938, constituyen un grupo de poetas con un elevado nivel de calidad artística. Los nombres y títulos más representativos son los siguientes: Ángel González (1925): *Áspero mundo,* 1956, *Sin esperanza, con convencimiento,* 1961, y *Tratado de urbanismo,* 1967; José Agustín Goytisolo (1928): *El retorno,* 1955, *Salmos al viento,* 1958, *Claridad,* 1961 —reunidos en *Años decisivos,* en 1961— y *Algo sucede,* 1968; Jaime Gil de Biedma (1929-1990): *Compañeros de viaje,* 1959, *Moralidades,* 1966, y *Poemas póstumos,* 1968, —reunidos en *Las personas del verbo,* en 1975—; José Ángel Valente (1929): *A modo de esperanza,* 1955, *Poemas a Lázaro,* 1960, y *La memoria y los signos,* 1966; Francisco Brines (1932): *Las brasas,* 1960, y *Aún no,* 1971; Claudio Rodríguez (1934): *Don de la ebriedad,* 1953, *Conjuros,* 1958, y *Alianza y condena,* 1965; y Carlos Sahagún (1938): *Profecías del agua,* 1958, y *Como si hubiera muerto un niño,* 1961.

Por supuesto, rebasada esta década de los 60, estos poetas han seguido creando una poesía lógicamente distinta de la de sus comienzos y han evolucionado en trayectorias diversas, como se puede comprobar en nuestra selección; pero lo que sigue siendo común a todos ellos es su alta calidad poética.

A esta nómina de poetas hay que añadir el nombre de Antonio Gamoneda (1931), cuya obra había pasado bastante desapercibida hasta la reciente publicación de *Edad,* 1987: una personal selección y recopilación de su poesía anterior (1947-1986), que ha significado, por su extraordinaria calidad, un inesperado aldabonazo en el ambiente literario actual. En este caso se ha dado, una vez más, la triste realidad de muchos literatos españoles que, alejados de los círculos de moda e influencia, crean en silencio una importante obra, ignorada durante años hasta que, un buen día, se descubre —¡si es que esto sucede!— y alcanza el público reconocimiento.

Estos poetas, a pesar de sus diferencias, presentan un aire de época fácilmente reconocible. Hijos de familia de la burguesía media, ninguno de ellos participó en la guerra civil —eran muy niños por entonces—, pero crecieron entre las ruinas de la postguerra y, como se ha afirmado, «maduraron precozmente en el escándalo patrio».

Los elementos aglutinantes de este grupo poético fueron: una fuerte amistad, la admiración mutua que se profesaron, una común —y alta— calidad literaria, la misma o muy semejante actitud ética ante la difícil realidad del país y el tratamiento de casi los mismos temas. Leyeron con entusiasmo a Pablo Neruda y a César Vallejo, se sintieron herederos de Antonio Machado, manifestaron una particular admiración por Luis Cernuda y coincidieron y convivieron con los más destacados poetas de la década anterior, como Blas de Otero y José Hierro.

Como ya se ha dicho, en el plano formal, evitan el prosaísmo y la «espontaneidad» de la «poesía social», con una intencionada elaboración estilística. Reivindican un lenguaje poético alejado del simbolismo y de las experiencias vanguardistas, «que conjuga perfectamente la fuerza expresiva de magníficas imágenes sensoriales con el estilo conversacional; la ironía e incluso el sarcasmo con la precisión verbal».[21] Por ser característica muy importante, insistimos en el «tono menor», cuasi-narrativo y conversacional, cálido y cordial, y en el léxico sobrio, eficaz y preciso. «La sobriedad, la voz clara casi siempre, continuadora del diafanismo machadiano [...], son las características más evidentes.»[22]

En cuanto al contenido, hay que hablar de una poesía no social —según se entendía ésta: combativa o de protesta—, pero sí crítica e inconformista, derivada del talante ético de sus autores, más influida por el existencialismo que por el marxismo. «Lo propio de estos poetas no es tanto el realismo histórico como la creación y consolidación de una poesía de la experiencia personal» (Pere Gimferrer). Expresión, pues, de sus propias experiencias de la realidad inmediata, de la vida cotidiana, con un retorno al mejor intimismo: el paso del tiempo, el amor y el erotismo, la amistad, los recuerdos de infancia —de la guerra, principalmente—, trozos de la propia vida o tópicos de la cultura del momento. Por último, hay que destacar también el doloroso escepticismo ante el sentimiento de soledad y desvalimiento, que se manifiesta frecuentemente mediante la ironía, y, finalmente, su concepción de la poesía como vehículo de conocimiento, más que de comunicación: «La poesía es para mí, antes que cualquier otra cosa, un medio de conocimiento de la realidad», escribió José Ángel Valente[23].

---

[21] Clotilde ESTÉVEZ y María Soledad IZQUIERDO, «La poesía española posterior a 1936», en M.ª Josefa Castro y otros, *Literatura Española e Hispanoamericana COU,* Barcelona, Teide, 1990, p. 321.

[22] G.L. SOLNER, *Poesía española hoy,* Madrid, Visor, 1982, p. 14.

[23] José Ángel VALENTE, «Conocimiento y comunicación», en *Poesía última,* Madrid, Taurus, 19753, p. 155.

La poesía última

La última promoción de la poesía española comienza a finales de los años 60. Estos poetas más jóvenes se sienten muy alejados de la guerra civil y sus consecuencias, y se manifiestan, en general, ajenos e indiferentes a la poesía anterior, preocupada, como hemos visto, por lo social en un sentido amplio, atenta al momento y a la realidad histórica; poesía, en definitiva, «rehumanizada» y cívica, que partía de actitudes éticas.

El crítico catalán José María Castellet publicó en 1970 una célebre antología titulada *Nueve novísimos poetas españoles* que sacó a la luz las preferencias y tendencias de la nueva poesía que se estaba gestando.

Los «novísimos» poetas son, en primer lugar, escépticos sobre las posibilidades de la poesía para cambiar el mundo. Al decir de Fanny Rubio, predomina en ellos el sentimiento de inutilidad de la poesía, atacan frontalmente la poesía social y proclaman la autonomía de la obra de arte, basada en una defensa a ultranza de la imaginación y un interés por el estudio del estilo. «La poesía es, ante todo y sobre todo, una manera específica de tratar el lenguaje».[24]

Se ha definido este grupo poético como experimental, esteticista, revalorizador de lo decadente y lúdico. Sus rasgos más característicos son la admiración y el interés por los motivos culturales extranjeros —pintura, música y literatura—. De la poesía española solamente les interesará algún poeta del 27, como Aleixandre, y de la promoción inmediata anterior, Gil de Biedma. Se despreocupan de las formas métricas tradicionales, hacen sus pinitos de escritura automática, según la moda surrealis-

---

[24] *Poesía española contemporánea (1939-1980)*, ed. Fanny Rubio y José Luis Falcó, Madrid, Alhambra, 1981, pp. 75 y 76.

ta, gustan de introducir en sus obras elementos y referencias exóticas y, en general, pecan de esnobismo. Pero, tal vez, lo más destacado en estos poetas sea la incorporación a su mundo poético de la cultura de la imagen y la sensibilidad «camp»; hijos de su tiempo, están fuertemente influidos por los «mass-media» —cine, televisión, discos, prensa...— y por los mitos que estos mismos medios imponen en la sociedad de estos años: Marilyn Monroe, Ernesto «Che» Guevara, los Beatles, etc.

Destacan los siguientes autores y obras: Manuel Vázquez Montalbán (1939): *Una educación sentimental,* 1967; Antonio Martínez Sarrión (1939): *Teatro de operaciones,* 1967; Pere Gimferrer (1945): *Arde el mar,* 1966, y *La muerte en Beverly Hills,* 1968; Guillermo Carnero (1947): *Dibujo de la muerte,* 1967, y Leopoldo María Panero (1948): *Así se fundó Carnaby Street,* 1970.

En la actual poesía española, abundante y diversa, hay que seguir hablando del sentido de la autonomía del arte y del extraordinario interés por el lenguaje. Pero, además, se caracteriza por su experimentalismo y culturalismo, por cierto corte neorromántico y por ser la vida su principal fuente de inspiración; en fin, «una poesía personal, aunque dentro de una cierta tónica de época» [25]. De momento, señalamos como algunos de los nombres más sobresalientes a Agustín Delgado (1941), Juan Luis Panero (1942), Antonio Colinas (1946), Luis Alberto de Cuenca (1950), Luis Antonio de Villena (1951), Julio Llamazares (1955), Ana Rossetti (1950), Julio Martínez Mesanza (1955) y Felipe Benítez (1960).

---

[25] Santos SANZ VILLANUEVA, *Historia de la Literatura Española, El siglo XX, 6/2. Literatura actual,* Barcelona, Ariel, 1984, p. 464.

Antología

RUBÉN DARÍO (1867-1916)

1
Caupolicán[1]

Es algo formidable que vio la vieja raza;
robusto tronco de árbol al hombro de un campeón
salvaje y aguerrido, cuya fornida maza
blandiera el brazo de Hércules[2], o el brazo de Sansón[3].
　Por casco sus cabellos, su pecho por coraza,
pudiera tal guerrero, de Arauco en la región,
lancero de los bosques, Nemrod[4] que todo caza,
desjarretar* un toro o estrangular un león.
　Anduvo, anduvo, anduvo. Le vio la luz del día,
le vio la tarde pálida, le vio la noche fría,
y siempre el tronco de árbol a cuestas del titán*.
　«¡El Toqui, el Toqui!», clama la conmovida casta*.
Anduvo, anduvo, anduvo. La aurora dijo: «Basta»,
e irguióse la alta frente del gran Caupolicán.

Azul, 1888

2
SONATINA

La princesa está triste... ¿Qué tendrá la princesa?
Los suspiros se escapan de su boca de fresa,
que ha perdido la risa, que ha perdido el color.
La princesa está pálida en su silla de oro,
está mudo el teclado de su clave* sonoro
y en un vaso, olvidada, se desmaya una flor.
　El jardín puebla el triunfo de los pavos reales [5].
Parlanchina, la dueña* dice cosas banales
y, vestido de rojo, piruetea el bufón.

La princesa no ríe, la princesa no siente;
la princesa persigue por el cielo de Oriente
la libélula vaga de una vaga ilusión.
¿Piensa, acaso, en el príncipe de Golconda [6] o de
[China
o en el que ha detenido su carroza argentina*
para ver de sus ojos la dulzura de luz?
¿O en el rey de las Islas de las rosas fragantes,
o en el que es soberano de los claros diamantes
o en el dueño orgulloso de las perlas de Ormuz [7]?

¡Ay, la pobre princesa de la boca de rosa!,
quiere ser golondrina, quiere ser mariposa,
tener alas ligeras, bajo el cielo volar;
ir al sol por la escala luminosa de un rayo,
saludar a los lirios con los versos de mayo
o perderse en el viento sobre el trueno del mar.

Ya no quiere el palacio, ni la rueca de plata,
ni el halcón encantado, ni el bufón escarlata,
ni los cisnes unánimes en el lago de azur*.
Y están tristes las flores por la flor de la corte,
los jazmines de Oriente, los nelumbos* del Norte,
de Occidente las dalias y las rosas del Sur.

¡Pobrecita princesa de los ojos azules!
Está presa en sus oros, está presa en sus tules,
en la jaula de mármol del palacio real,
el palacio soberbio que vigilan los guardas,
que custodian cien negros con sus cien alabardas*,
un lebrel que no duerme y un dragón colosal.

¡Oh, quién fuera hipsipila* que dejó la crisálida*!
(La princesa está triste. La princesa está pálida.)
¡Oh visión adorada de oro, rosa y marfil!
¡Quién volara a la tierra donde un príncipe existe
(la princesa está pálida; la princesa está triste)
más brillante que el alba, más hermoso que abril!

—¡Calla, calla, princesa —dice el hada madrina—,
en caballo con alas, hacia acá se encamina,

en el cinto la espada y en la mano el azor,
el feliz caballero que te adora sin verte,
y que llega de lejos, vencedor de la Muerte,
a encenderte los labios con su beso de amor!

Prosas profanas y otros poemas, 1896

3
SINFONÍA EN GRIS MAYOR

El mar, como un vasto cristal azogado*,
refleja la lámina de un cielo de zinc;
lejanas bandadas de pájaros manchan
el fondo bruñido* de pálido gris.

El sol, como un vidrio redondo y opaco,
con paso de enfermo camina al cenit*;
el viento marino descansa en la sombra
teniendo de almohada su negro clarín.

Las ondas que mueven su vientre de plomo,
debajo del muelle parecen gemir.
Sentado en un cable, fumando su pipa,
está un marinero pensando en las playas
de un vago, lejano, brumoso país.

Es viejo ese lobo*. Tostaron su cara
los rayos de fuego del sol del Brasil;
los recios tifones del mar de la China
le han visto bebiendo su frasco de gin.

La espuma, impregnada de yodo y salitre,
ha tiempo conoce su roja nariz,
sus crespos* cabellos, sus bíceps de atleta,
su gorra de lona, su blusa de dril*.

En medio del humo que forma el tabaco,
ve el viejo, el lejano, brumoso país,
adonde una tarde caliente y dorada,
tendidas las velas, partió el bergantín...

La siesta del trópico. El lobo se duerme.
Ya todo lo envuelve la gama del gris.
Parece que un suave y enorme esfumino*
del curvo horizonte borrara el confín.

La siesta del trópico. La vieja cigarra
ensaya su ronca guitarra senil,
y el grillo preludia un solo monótono
en la única cuerda que está en su violín.

Prosas profanas y otros poemas, 1896

4
MARCHA TRIUNFAL

¡Ya viene el cortejo!
¡Ya viene el cortejo! Ya se oyen los claros clarines.
La espada se anuncia con vivo reflejo;
ya viene, oro y hierro, el cortejo de los paladines*.
  Ya pasa debajo los arcos ornados de blancas Minervas y
[Martes [8],
los arcos triunfales en donde las Famas [9] erigen sus largas
[trompetas,
la gloria solemne de los estandartes
llevados por manos robustas de heroicos atletas.
Se escucha el rüido que forman las armas de los caballe-
[ros,
los frenos que mascan los fuertes caballos de guerra,
los cascos que hieren la tierra
y los timbaleros,
que el paso acompasan con ritmos marciales.
¡Tal pasan los fieros guerreros
debajo los arcos triunfales!
  Los claros clarines de pronto levantan sus sones,
su canto sonoro,

su cálido coro,
que envuelve en un trueno de oro
la augusta soberbia de los pabellones.
Él dice la lucha, la herida venganza,
las ásperas crines,
los rudos penachos, la pica*, la lanza,
la sangre que riega de heroicos carmines
la tierra;
los negros mastines
que azuza la muerte, que rige la guerra.

    Los áureos sonidos
anuncian el advenimiento
triunfal de la Gloria;
dejando el picacho que guarda sus nidos,
tendiendo sus alas enormes al viento,
los cóndores llegan. ¡Llegó la victoria!
    Ya pasa el cortejo.
Señala el abuelo los héroes al niño:
Ved cómo la barba del viejo
los bucles de oro circunda de armiño.
Las bellas mujeres aprestan coronas de flores,
y bajo los pórticos vense sus rostros de rosa;
y la más hermosa
sonríe al más fiero de los vencedores.
¡Honor al que trae cautiva la extraña bandera;
honor al herido y honor a los fieles
soldados que muerte encontraron por mano extranjera!
¡Clarines! ¡Laureles!

    Las nobles espadas de tiempos gloriosos,
desde sus panoplias saludan las nuevas coronas y lauros:
Las viejas espadas de los granaderos, más fuertes que
                              [osos,
hermanos de aquellos lanceros que fueron centauros*.
Las trompas guerreras resuenan;
de voces, los aires se llenan...

—A aquellas antiguas espadas,
a aquellos ilustres aceros,
que encarnan las glorias pasadas...
Y al sol que hoy alumbra las nuevas victorias ganadas,
y al héroe que guía su grupo de jóvenes fieros,
al que ama la insignia del suelo materno,
al que ha desafiado, ceñido el acero y el arma en la
[mano,
los soles del rojo verano,
las nieves y vientos del gélido invierno,
la noche, la escarcha
y el odio y la muerte, por ser por la patria inmortal,
¡saludan con voces de bronce las trompas de guerra que
[tocan la marcha
triunfal!...

Cantos de vida y esperanza, 1905

5
DE OTOÑO

Yo sé que hay quienes dicen: ¿Por qué no canta ahora
con aquella locura armoniosa de antaño?
Esos no ven la obra profunda de la hora,
la labor del minuto y el prodigio del año.

Yo, pobre árbol, produje, al amor de la brisa,
cuando empecé a crecer, un vago y dulce son.
Pasó ya el tiempo de la juvenil sonrisa:
¡Dejad al huracán mover mi corazón!

Cantos de vida y esperanza, 1905

6
CARACOL

A Antonio Machado

En la playa he encontrado un caracol de oro
macizo y recamado de las perlas más finas;
Europa le ha tocado con sus manos divinas
cuando cruzó las ondas sobre el celeste toro [10].

He llevado a mis labios el caracol sonoro
y he suscitado el eco de las dianas marinas,
le acerqué a mis oídos y las azules minas
me han contado en voz baja su secreto tesoro.

Así la sal me llega de los vientos amargos
que en sus hinchadas velas sintió la nave Argos
cuando amaron los astros el sueño de Jasón [11];

y oigo un rumor de olas y un incógnito acento
y un profundo oleaje y un misterioso viento...
(El caracol la forma tiene de un corazón.)

Cantos de vida y esperanza, 1905

7
LO FATAL

A René Pérez

Dichoso el árbol que es apenas sensitivo,
y más la piedra dura, porque esa ya no siente,
pues no hay dolor más grande que el dolor de ser vivo,
ni mayor pesadumbre que la vida consciente.

Ser, y no saber nada, y ser sin rumbo cierto,
y el temor de haber sido y un futuro terror...
Y el espanto seguro de estar mañana muerto,
y sufrir por la vida y por la sombra y por

lo que no conocemos y apenas sospechamos,
y la carne que tienta con sus frescos racimos,
y la tumba que aguarda con sus fúnebres ramos,
¡y no saber adónde vamos,
ni de dónde venimos!...

Cantos de vida y esperanza, 1905

SALVADOR RUEDA (1857-1933)

8
LA SANDÍA

Cual si de pronto se entreabriera el día
despidiendo una intensa llamarada,
por el acero fúlgido* rasgada
mostró su carne roja la sandía.
    Carmín incandescente parecía
la larga y deslumbrante cuchillada,
como boca encendida y desatada
en frescos borbotones de alegría.
    Tajada tras tajada señalando,
las fue el hábil cuchillo separando,
vivas a la ilusión como ninguna.
    Las separó la mano de repente,
y de improviso decoró la fuente
un círculo de rojas medias lunas.

Fuente de salud, 1906

MANUEL MACHADO (1874-1947)

9
MELANCOLÍA

Me siento, a veces, triste
como una tarde del otoño viejo;
de saudades* sin nombre,
de penas melancólicas tan lleno...
Mi pensamiento, entonces,
vaga junto a las tumbas de los muertos
y en torno a los cipreses y a los sauces
que, abatidos, se inclinan... Y me acuerdo
de historias tristes, sin poesía... Historias
que tienen casi blancos mis cabellos.

Alma, 1902

10
CASTILLA

El ciego sol se estrella
en las duras aristas de las armas,
llaga de luz los petos y espaldares
y flamea en las puntas de las lanzas.
    El ciego sol, la sed y la fatiga...
Por la terrible estepa castellana,
al destierro, con doce de los suyos
—polvo, sudor y hierro— el Cid cabalga.
    Cerrado está el mesón a piedra y lodo*.
Nadie responde... Al pomo* de la espada
y al cuento* de las picas* el postigo
va a ceder. ¡Quema el sol, el aire abrasa!
    A los terribles golpes
de eco ronco, una voz pura, de plata
y de cristal, responde... Hay una niña

muy débil y muy blanca
en el umbral. Es toda
ojos azules y, en los ojos, lágrimas.
Oro pálido nimba*
su carita curiosa y asustada.
    —Buen Cid, pasad*. El rey nos dará muerte,
arruinará la casa
y sembrará de sal el pobre campo
que mi padre trabaja...
Idos. El cielo os colme de venturas...
En nuestro mal, ¡oh Cid!, no ganáis nada[12].
    Calla la niña y llora sin gemido...
Un sollozo infantil cruza la escuadra
de feroces guerreros.
Y una voz inflexible grita: —¡En marcha!
    El ciego sol, la sed y la fatiga...
por la terrible estepa castellana,
al destierro, con doce de los suyos
—polvo, sudor y hierro—, el Cid cabalga.

Alma, 1902

11

FELIPE IV [13]

    Nadie más cortesano ni pulido
que nuestro rey Felipe, que Dios guarde,
siempre de negro hasta los pies vestido.

    Es pálida su tez como la tarde,
cansado el oro de su pelo undoso*
y de sus ojos el azul, cobarde.

    Sobre su augusto pecho generoso
ni joyeles perturban ni cadenas
el negro terciopelo silencioso.

Y en vez de cetro real, sostiene apenas,
con desmayo galán, un guante de ante
la blanca mano de azuladas venas.

Alma, 1902

12
RETRATO

Esta es mi cara y esta es mi alma. Leed:
unos ojos de hastío y una boca de sed...
Lo demás... Nada... Vida... Lo que se sabe...
Calaveradas, amoríos... Nada grave.
Un poco de locura, un algo de poesía,
una gota de vino de la melancolía...
¿Vicios? Todos. Ninguno... Jugador, no lo he sido:
no gozo lo ganado ni siento lo perdido.
Bebo, por no negar mi tierra de Sevilla,
media docena de cañas de manzanilla.
Las mujeres..., sin ser un Tenorio —¡eso, no!—,
tengo una que me quiere, y otra a quien quiero yo.
  Me acuso de no amar sino muy vagamente
una porción de cosas que encantan a la gente...
La agilidad, el tino, la gracia, la destreza;
más que la voluntad, la fuerza y la grandeza...
Mi elegancia es buscada, rebuscada. Prefiero,
a lo helénico* y puro, lo *chic* *y lo torero.
Un destello de sol y una risa oportuna
amo más que las languideces de la luna.
Medio gitano y medio parisién —dice el vulgo—,
con Montmartre [14] y con la Macarena [15] comulgo...
Y, antes que un tal poeta, mi deseo primero
hubiera sido ser un buen banderillero.

Es tarde... Voy de prisa por la vida y mi risa
es alegre aunque no niego que llevo prisa.

El mal poema, 1909

13

LOS FUSILAMIENTOS DE LA MONCLOA [16]

Él lo vio... Noche negra, luz de infierno...
Hedor de sangre y pólvora, gemidos...
Unos brazos abiertos, extendidos
en ese gesto de dolor eterno.

Una farola en tierra, casi alumbra,
con un halo amarillo que horripila,
de los fusiles la uniforme fila
monótona y brutal en la penumbra.

Maldiciones, quejidos... Un instante,
primero que la voz de mando suene,
un fraile muestra el implacable cielo.

Y en convulso montón agonizante,
a medio rematar, por tandas viene
la eterna carne de cañón al suelo.

Apolo. Teatro pictórico, 1911

14

SOLEARES [17]

Tonto es el que mira atrás...
Mientras hay camino *alante,*
el caso es andar y andar.

Yo voy de penita en pena,
como el agua por el monte,
saltando de peña en peña.

El andar de mi morena
parece que va sembrando
lirios, palmas y azucenas.

Tu calle ya no es tu calle:
que es una calle cualquiera,
camino de cualquier parte.

¡Pobrecito del que espera!
¡Que entre el ayer y el mañana
se va muriendo de pena!

Unos ojos negros vi...
Desde entonces, en el mundo
todo es negro para mí.

Cante hondo, 1912

15
A RUBÉN DARÍO [18]

Como cuando viajabas, Maestro, estás ausente,
y llena está de ti la soledad, que espera
tu retorno. ¿Vendrás? En tanto, Primavera
va a revestir los prados, a desatar la fuente.

En el día, en la noche; hoy, ayer... En la vaga
tarde, en la aurora perla, resuenan tus canciones.
Y eres, en nuestras mentes y en nuestros corazones,
rumor que no se extingue, lumbre que no se apaga.

Y en Madrid, en París, en Roma, en la Argentina
te aguardan. Dondequiera tu cítara divina
vibró, su son pervive sereno, dulce, fuerte.

Solamente en Managua hay un rincón sombrío,
donde escribió la mano que ha matado a la Muerte:
«Pasa, viajero; aquí no está Rubén Darío».

Dedicatorias (1910-1922)

16
OCASO

Era un suspiro lánguido y sonoro
la voz del mar aquella tarde... El día,
no queriendo morir, con garras de oro
de los acantilados se prendía.
　Pero su seno el mar alzó potente,
y el sol, al fin, como en soberbio lecho,
hundió en las olas la dorada frente,
en una brasa cárdena* deshecho.
　Para mi pobre cuerpo dolorido,
para mi triste alma lacerada*,
para mi yerto* corazón herido,
　para mi amarga vida fatigada...,
¡el mar amado, el mar apetecido,
el mar, el mar, y no pensar en nada...!

Ars moriendi, 1922

MIGUEL DE UNAMUNO (1864-1936)

17

CASTILLA

Tú me levantas, tierra de Castilla,
en la rugosa palma de tu mano,
al cielo que te enciende y te refresca,
　　　al cielo, tu amo.
Tierra nervuda, enjuta*, despejada,
madre de corazones y de brazos,
toma el presente en ti viejos colores
　　　del noble antaño.
Con la pradera cóncava del cielo
lindan en torno tus desnudos campos,
tiene en ti cuna el sol y en ti sepulcro
　　　y en ti santuario.
Es toda cima tu extensión redonda
y en ti me siento al cielo levantado,
aire de cumbre es el que se respira
　　　aquí en tus páramos.
¡Ara* gigante, tierra castellana,
a ese tu aire soltaré mis cantos,
si te son dignos bajarán al mundo
　　　desde lo alto!

Poesías, 1907

18

A MI BUITRE [19]

Este buitre voraz de ceño torvo*
que me devora las entrañas fiero
y es mi único constante compañero
labra mis penas con su pico corvo.

El día en que le toque el postrer sorbo
apurar de mi negra sangre, quiero
que me dejéis con él solo y señero*
un momento, sin nadie como estorbo.

Pues quiero, triunfo haciendo mi agonía,
mientras él mi último despojo traga,
sorprender en sus ojos la sombría

mirada al ver la suerte que le amaga*
sin esta presa en que satisfacía
el hambre atroz que nunca se le apaga.

Rosario de sonetos líricos, 1911

19

LA UNIÓN CON DIOS

Vorrei voler, Signor, quel ch'io non voglio
Miguel Ángel [20]

Querría, Dios, querer lo que no quiero;
fundirme en Ti, perdiendo mi persona,
este terrible yo por el que muero
y que mi mundo en derredor encona*.

Si tu mano derecha me abandona,
¿qué será de mi suerte?, prisionero
quedaré de mí mismo; no perdona
la nada al hombre, su hijo, y nada espero.

«¡Se haga tu voluntad, Padre!» —repito—
al levantar y al acostarse el día,
buscando conformarme a tu mandato,

pero dentro de mí resuena el grito
del eterno Luzbel[21], del que quería
ser de veras, ¡fiero desacato*!

Rosario de sonetos líricos, 1911

20

LXI

Vuelve hacia atrás la vista, caminante,
verás lo que te queda de camino;
desde el oriente de tu cuna el sino*
ilumina tu marcha hacia adelante.

Es del pasado el porvenir semblante;
como se irá la vida así se vino;
cabe volver las riendas del destino
como se vuelve del revés un guante.

Lleva tu espalda reflejado el frente;
sube la niebla por el río arriba
y se resuelve encima de la fuente;

la lanzadera* en su vaivén se aviva;
desnacerás un día, de repente;
nunca sabrás dónde el misterio estriba.

De Fuerteventura a París, 1925

21

XCII

> *En el entierro del niño Yago de Luna, muerto de meningitis tuberculosa a los ocho meses de edad y enterrado en el cementerio parisiense de Pantin, el 14 de noviembre de 1924.*

A un hijo de españoles arropamos
hoy en tierra francesa; el inocente
se apagó —¡feliz él!— sin que su mente
se abriese al mundo en que muriendo vamos.

A la pobre cajita sendos ramos
echamos de azucenas —el relente
llora sobre su huesa*—, y al presente
de nuestra patria el pecho retornamos.

«Ante la vida cruel que le acechaba,
mejor que se me muera» —nos decía
su pobre padre, y con la voz temblaba;
 era de otoño y bruma el triste día
y creí que enterramos —¡Dios callaba!—
tu porvenir sin luz, ¡España mía!

> «¡En mi vida olvidaré ese día en que fuimos a
> enterrar al pobre niño! Era uno de los días en
> que más me dolía España.»
> *De Fuerteventura a París,* 1925

22

Un trozo de planeta
por el que cruza errante la sombre de Caín [22].
Antonio Machado

¡Ay, triste España de Caín, la roja
de sangre hermana y por la bilis gualda*,
muerdes porque no comes, y en la espalda
llevas carga de siglos de congoja!
 Medra machorra* envidia en mente floja
—te enseñó a no pensar Padre Ripalda [23]—
rezagada y vacía está tu falda
e insulto el bien ajeno se te antoja.
 Democracia frailuna con regüeldo*
de refectorio* y ojo al chafarote*,
¡viva la Virgen!, no hace falta bieldo*.
 Gobierno de alpargata y de capote,
timba*, charada*, a fin de mes el sueldo,
y apedrear al loco Don Quijote.

Cancionero. Diario Poético (1928-1936)

23

    Me destierro a la memoria,
voy a vivir del recuerdo.
Buscadme, si me os pierdo,
en el yermo* de la historia,
    que es enfermedad la vida
y muero viviendo enfermo.
Me voy, pues, me voy al yermo*
donde la muerte me olvida.
    Y os llevo conmigo, hermanos,
para poblar mi desierto.
Cuando me creáis más muerto
retemblaré en vuestras manos.
    Aquí os dejo mi alma-libro,
hombre-mundo verdadero.
Cuando vibres todo entero,
soy yo, lector, que en ti vibro.

Cancionero. Diario poético (1928-1936)

ANTONIO MACHADO (1875-1939)

24
XI

Yo voy soñando caminos
de la tarde. ¡Las colinas
doradas, los verdes pinos,
las polvorientas encinas!...
¿Adónde el camino irá?
Yo voy cantando, viajero
a lo largo del sendero...
—la tarde cayendo está—.
«En el corazón tenía
la espina de una pasión;
logré arrancármela un día:
ya no siento el corazón.»

Y todo el campo un momento
se queda, mudo y sombrío,
meditando. Suena el viento
en los álamos del río.

La tarde más se oscurece;
y el camino que serpea
y débilmente blanquea,
se enturbia y desaparece.

Mi cantar vuelve a plañir*:
«Aguda espina dorada,
quién te pudiera sentir
en el corazón clavada».

Soledades, galerías y otros poemas, 1907

25
LXXVII

Es una tarde cenicienta y mustia,
destartalada, como el alma mía;
y es esta vieja angustia
que habita mi usual hipocondría*.

La causa de esta angustia no consigo
ni vagamente comprender siquiera;
pero recuerdo, y, recordando, digo:
—Sí, yo era niño, y tú, mi compañera.

* *

Y no es verdad, dolor, yo te conozco,
tú eres nostalgia de la vida buena
y soledad de corazón sombrío,
de barco sin naufragio y sin estrella.

Como perro olvidado que no tiene
huella ni olfato y yerra
por los caminos, sin camino, como
el niño que en la noche de una fiesta
    se pierde entre el gentío
y el aire polvoriento y las candelas
chispeantes, atónito, y asombra
su corazón de música y de pena,
    así voy yo, borracho melancólico,
guitarrista lunático, poeta,
y pobre hombre en sueños,
siempre buscando a Dios entre la niebla.

Soledades, galerías y otros poemas, 1907

26
LXXIX

Desnuda está la tierra,
y el alma aúlla al horizonte pálido
como loba famélica. ¿Qué buscas,
poeta en el ocaso?

Amargo caminar, porque el camino
pesa en el corazón. ¡El viento helado,
y la noche que llega, y la amargura
de la distancia!... En el camino blanco.

Algunos yertos* árboles negrean;
en los montes lejanos
hay oro y sangre... El sol murió... ¿Qué buscas,
poeta, en el ocaso?

Soledades, galerías y otros poemas, 1907

27

XCVII

RETRATO

   Mi infancia son recuerdos de un patio de Sevilla,
y un huerto claro donde madura el limonero;
mi juventud, veinte años en tierra de Castilla;
mi historia, algunos casos que recordar no quiero.
   Ni un seductor Mañara[24], ni un Bradomín[25] he sido
—ya conocéis mi torpe aliño indumentario—,
mas recibí la flecha que me asignó Cupido,
y amé cuanto ellas pueden tener de hospitalario.
   Hay en mis venas gotas de sangre jacobina*,
pero mi verso brota de manantial sereno;
y, más que un hombre al uso que sabe su doctrina,
soy, en el buen sentido de la palabra, bueno.
   Adoro la hermosura, y en la moderna estética
corté las viejas rosas del huerto de Ronsard[26];
mas no amo los afeites de la actual cosmética[27];
ni soy un ave de esas del nuevo gay-trinar[28].
   Desdeño las romanzas de los tenores huecos
y el coro de los grillos que cantan a la luna.
A distinguir me paro las voces de los ecos,
y escucho solamente, entre las voces, una.
   ¿Soy clásico o romántico? No sé. Dejar quisiera
mi verso, como deja el capitán su espada:
famosa por la mano viril que la blandiera,
no por el docto oficio del forjador preciada.

Converso con el hombre que siempre va conmigo
—quien habla solo espera a hablar a Dios un día—;
mi soliloquio es plática con este buen amigo
que me enseñó el secreto de la filantropía*.

Y al cabo, nada os debo; debéisme cuanto he escrito.
A mi trabajo acudo, con mi dinero pago
el traje que me cubre y la mansión que habito,
el pan que me alimenta y el lecho en donde yago.

Y cuando llegue el día del último viaje,
y esté al partir la nave que nunca ha de tornar,
me encontraréis a bordo, ligero de equipaje,
casi desnudo como los hijos de la mar.

Campos de Castilla, 1912,1917

28
A ORILLAS DEL DUERO

Mediaba el mes de julio. Era un hermoso día.
Yo, solo, por las quiebras del pedregal subía,
buscando los recodos de sombra, lentamente.
A trechos me paraba para enjugar mi frente
y dar algún respiro al pecho jadeante;
o bien, ahincando el paso, el cuerpo hacia adelante
y hacia la mano diestra vencido y apoyado
en un bastón, a guisa de pastoril cayado,
trepaba por los cerros que habitan las rapaces
aves de altura, hollando las hierbas montaraces
de fuerte olor —romero, tomillo, salvia, espliego—.
Sobre los agrios campos caía un sol de fuego.

Un buitre de anchas alas con majestuoso vuelo
cruzaba solitario el puro azul del cielo.
Yo divisaba, lejos, un monte alto y agudo,
y una redonda loma cual recamado* escudo,
y cárdenos* alcores* sobre la parda tierra

—harapos esparcidos de un viejo arnés* de guerra—,
las serrezuelas calvas por donde tuerce el Duero
para formar la corva ballesta de un arquero
en torno a Soria. —Soria es una barbacana*
hacia Aragón, que tiene la torre castellana—.
Veía el horizonte cerrado por colinas
oscuras, coronadas de robles y de encinas;
desnudos peñascales, algún humilde prado
donde el merino* pace y el toro, arrodillado
sobre la hierba, rumia; las márgenes del río
lucir sus verdes álamos al claro sol de estío,
y, silenciosamente, lejanos pasajeros,
¡tan diminutos! —carros, jinetes y arrieros*—,
cruzar el largo puente, y bajo las arcadas
de piedra ensombrecerse las aguas plateadas
del Duero.
      El Duero cruza el corazón de roble
de Iberia y de Castilla.
          ¡Oh, tierra triste y noble,
la de los altos llanos y yermos* y roquedas,
de campos sin arados, regatos ni arboledas;
decrépitas ciudades, caminos sin mesones,
y atónitos palurdos sin danzas ni canciones
que aún van, abandonando el mortecino hogar,
como tus largos ríos, Castilla, hacia la mar!

Castilla miserable, ayer dominadora,
envuelta en sus andrajos desprecia cuanto ignora.
¿Espera, duerme o sueña? ¿La sangre derramada
recuerda, cuando tuvo la fiebre de la espada?
Todo se mueve, fluye, discurre, corre o gira;
cambian la mar y el monte y el ojo que los mira.
¿Pasó? Sobre sus campos aún el fantasma yerra*
de un pueblo que ponía a Dios sobre la guerra.

La madre en otro tiempo fecunda en capitanes,
madrastra es hoy apenas de humildes ganapanes.
Castilla no es aquélla tan generosa un día

cuando Myo Cid Rodrigo el de Vivar volvía,
ufano de su nueva fortuna y su opulencia,
a regalar a Alfonso los huertos de Valencia;
o que, tras la aventura que acreditó sus bríos,
pedía la conquista de los inmensos ríos
indianos a la corte, la madre de soldados,
guerreros y adalides* que han de tornar, cargados
de plata y oro, a España, en regios galeones,
para la presa cuervos, para la lid leones.
Filósofos nutridos de sopa de convento
contemplan impasibles el amplio firmamento;
y si les llega en sueños, como un rumor distante,
clamor de mercaderes de muelles de Levante,
no acudirán siquiera a preguntar: ¿qué pasa?
y ya la guerra ha abierto las puertas de su casa.

   Castilla miserable, ayer dominadora,
envuelta en sus harapos desprecia cuanto ignora.

   El sol va declinando. De la ciudad lejana
me llega un armonioso tañido de campana
—ya irán a su rosario las enlutadas viejas—.
De entre las peñas salen dos lindas comadrejas;
me miran y se alejan, huyendo, y aparecen
de nuevo, ¡tan curiosas!... Los campos se oscurecen.
Hacia el camino blanco está el mesón abierto
al campo ensombrecido y al pedregal desierto.

Campos de Castilla, 1912, 1917

29
CXIII
CAMPOS DE SORIA
VIII

   He vuelto a ver los álamos dorados,
álamos del camino en la ribera
del Duero, entre San Polo y San Saturio[29],

tras las murallas viejas
de Soria —barbacana*
hacia Aragón, en castellana tierra—.

   Estos chopos del río, que acompañan
con el sonido de sus hojas secas
el son del agua, cuando el viento sopla,
tienen en sus cortezas
grabadas iniciales que son nombres
de enamorados, cifras que son fechas.
¡Álamos del amor que ayer tuvisteis
de ruiseñores vuestras ramas llenas;
álamos que seréis mañana liras
del viento perfumado en primavera;
álamos del amor cerca del agua
que corre y pasa y sueña,
álamos de las márgenes del Duero,
conmigo vais, mi corazón os lleva!

IX

   ¡Oh, sí, conmigo vais, campos de Soria,
tardes tranquilas, montes de violeta,
alamedas del río, verde sueño
del suelo gris y de la parda tierra,
agria melancolía
de la ciudad decrépita,
me habéis llegado al alma,
¿o acaso estabais en el fondo de ella?
¡Gentes del alto llano numantino
que a Dios guardáis como cristianas viejas,
que el sol de España os llene
de alegría, de luz y de riqueza!

Campos de Castilla, 1912, 1917

30
CXV
A UN OLMO SECO

Al olmo viejo, hendido* por el rayo
y en su mitad podrido,
con las lluvias de abril y el sol de mayo,
algunas hojas verdes le han salido.

¡El olmo centenario en la colina
que lame el Duero! Un musgo amarillento
le mancha la corteza blanquecina
al tronco carcomido y polvoriento.

No será, cual los álamos cantores
que guardan el camino y la ribera,
habitado de pardos ruiseñores.

Ejército de hormigas en hilera
va trepando por él, y en sus entrañas
urden sus telas grises las arañas.

Antes que te derribe, olmo del Duero,
con su hacha el leñador, y el carpintero
te convierta en melena* de campana,
lanza de carro o yugo de carreta;
antes que rojo, en el hogar, mañana,
ardas de alguna mísera caseta,
al borde de un camino;
antes que te descuaje un torbellino
y tronche el soplo de las sierras blancas;
antes que el río hasta la mar te empuje
por valles y barrancas,
olmo, quiero anotar en mi cartera
la gracia de tu rama verdecida.
Mi corazón espera
también, hacia la luz y hacia la vida,
otro milagro de la primavera[30]

Campos de Castilla, 1912, 1917

31
CXXI.[31]

    Allá, en las tierras altas,
por donde traza el Duero
su curva de ballesta
en torno a Soria, entre plomizos cerros
y manchas de raídos encinares,
mi corazón está vagando, en sueños...
    ¿No ves, Leonor, los álamos del río
con sus ramajes yertos?
Mira el Moncayo[32] azul y blanco; dame
tu mano y paseemos.
Por estos campos de la tierra mía,
bordados de olivares polvorientos,
voy caminando solo,
triste, cansado, pensativo y viejo.

Campos de Castilla, 1912, 1917

32
A JOSÉ MARÍA PALACIO[33]

    Palacio, buen amigo,
¿está la primavera
vistiendo ya las ramas de los chopos
del río y los caminos? En la estepa
del alto Duero, primavera tarda,
¡pero es tan bella y dulce cuando llega!...
¿Tienen los viejos olmos
algunas hojas nuevas?
Aún las acacias estarán desnudas
y nevados los montes de las sierras.
¡Oh mole del Moncayo blanca y rosa,
allá, en el cielo de Aragón, tan bella!

¿Hay zarzas florecidas
entre las grises peñas,
y blancas margaritas
entre la fina hierba?
Por esos campanarios
ya habrán ido llegando las cigüeñas.
Habrá trigales verdes,
y mulas pardas en las sementeras*,
y labriegos que siembren los tardíos*
con las lluvias de abril. Ya las abejas
libarán del tomillo y del romero.
¿Hay ciruelos en flor? ¿Quedan violetas?
Furtivos cazadores, los reclamos
de la perdiz bajo las capas luengas,
no faltarán. Palacio, buen amigo,
¿tienen ya ruiseñores las riberas?
Con los primeros lirios
y las primeras rosas de las huertas,
en una tarde azul, sube al Espino[34],
al alto Espino donde está su tierra...

Campos de Castilla, 1912, 1917

33
CXXXVI
PROVERBIOS Y CANTARES

Caminante, son tus huellas
el camino, y nada más;
caminante, no hay camino,
se hace camino al andar.
Al andar se hace camino,
y al volver la vista atrás
se ve la senda que nunca
se ha de volver a pisar.

Caminante, no hay camino,
sino estelas en la mar.

* * *

Todo pasa y todo queda,
pero lo nuestro es pasar,
pasar haciendo caminos,
caminos sobre la mar.

* * *

Anoche soñé que oía
a Dios, gritándome: ¡Alerta!
Luego era Dios quien dormía,
y yo gritaba: ¡Despierta!

* * *

—Nuestro español bosteza.
¿Es hambre? ¿Sueño? ¿Hastío?
Doctor, ¿tendrá el estómago vacío?
—El vacío es más bien en la cabeza.

* * *

Ya hay un español que quiere
vivir y a vivir empieza,
entre una España que muere
y otra España que bosteza.
Españolito que vienes
al mundo, te guarde Dios.
Una de las dos Españas
ha de helarte el corazón.

Campos de Castilla, 1912,1917

34
CXLVIII
A LA MUERTE DE RUBÉN DARÍO [35]

    Si era toda en tu verso la armonía del mundo,
¿dónde fuiste, Darío, la armonía a buscar?
Jardinero de Hesperia [36], ruiseñor de los mares,
corazón asombrado de la música astral,
    ¿te ha llevado Dionisos [37] de su mano al infierno
y con las nuevas rosas triunfante volverás?
¿Te han herido buscando la soñada Florida [38],
la fuente de la eterna juventud, capitán?
    Que en esta lengua madre la clara historia quede;
corazones de todas las Españas, llorad.
Rubén Darío ha muerto en sus tierras de Oro [39],
esta nueva nos vino atravesando el mar.
    Pongamos, españoles, en un severo mármol,
su nombre, flauta y lira, y una inscripción no más:
Nadie esta lira pulse, si no es el mismo Apolo [40],
nadie esta flauta suene, si no es el mismo Pan [41].

Campos de Castilla, 1912,1917

35
CLV
HACIA TIERRA BAJA

    Una noche de verano,
en la playa de Sanlúcar,
oí una voz que cantaba:
antes que salga la luna.
    Antes que salga la luna,
a la vera de la mar,
dos palabritas a solas
contigo tengo de hablar.

¡Playa de Sanlúcar,
noche de verano,
copla solitaria
junto al mar amargo!
   ¡A la orillita del agua,
por donde nadie nos vea,
antes que la luna salga!

Nuevas Canciones, 1924

36
CLX
CANCIONES DEL ALTO DUERO

   Por las tierras de Soria
va mi pastor.
¡Si yo fuera una encina
sobre un alcor!
Para la siesta,
si yo fuera una encina
sombra le diera.

* * *

   Hortelano es mi amante,
tiene su huerto,
en la tierra de Soria,
cerca del Duero.
¡Linda hortelana!
Llevaré saya verde,
monjil de grana.

Nuevas Canciones, 1924

37
CLXI
PROVERBIOS Y CANTARES

Poned atención:
un corazón solitario
no es un corazón.

* * *

Tengo a mis amigos
en mi soledad;
cuando estoy con ellos
¡qué lejos están!

Nuevas Canciones, 1924

38
EL AMOR Y LA SIERRA

Cabalgaba por agria serranía,
una tarde, entre roca cenicienta.
El plomizo balón de la tormenta
de monte en monte rebotar se oía.
   Súbito, al vivo resplandor del rayo,
se encabritó, bajo de un alto pino,
al borde de una peña, su caballo.
A dura rienda le tornó al camino.
   Y hubo visto la nube desgarrada,
y, dentro, la afilada crestería
de otra sierra más lueñe* y levantada
   —relámpago de piedra parecía—.
¿Y vio el rostro de Dios? Vio el de su amada.
Gritó: ¡Morir en esta sierra fría!

Nuevas Canciones, 1924

39
CLXIV

   ¿Por qué, decísme*, hacia los altos llanos
huye mi corazón de esta ribera,
y en tierra labradora y marinera
suspiro por los yermos* castellanos?
   Nadie elige su amor. Llevóme un día
mi destino a los grises calvijares*
donde ahuyenta al caer la nieve fría
las sombras de los muertos encinares.
   De aquel trozo de España, alto y roquero,
hoy traigo a ti, Guadalquivir florido,
una mata del áspero romero.
   Mi corazón está donde ha nacido,
no a la vida, al amor, cerca del Duero...
¡El muro blanco y el ciprés erguido![42]

Nuevas canciones, 1924

JUAN RAMÓN JIMÉNEZ (1881-1958)

40
ADOLESCENCIA

Aquella tarde, al decirle
yo que me iba del pueblo,
me miró triste —¡qué dulce!—,
vagamente sonriendo.

Me dijo: ¿Por qué te vas?
Le dije: Porque el silencio
de estos valles me amortaja
como si estuviera muerto.

—¿Por qué te vas? —He sentido
que quiere gritar mi pecho,
y en estos valles callados
voy a gritar y no puedo.

Y me dijo: ¿Adónde vas?
Y le dije: Adonde el cielo
esté más alto y no brillen
sobre mí tantos luceros.

Hundió su mirada negra
allá en los valles desiertos,
y se quedó muda y triste,
vagamente sonriendo.

Primeras poesías (1898-1902)

41

Entre el velo de la lluvia
que pone gris el paisaje,
pasan las vacas, volviendo
de la dulzura del valle.

Las tristes esquilas* suenan
alejadas, y la tarde
va cayendo tristemente
sin estrellas ni cantares.

La campiña se ha quedado
fría y sola con sus árboles;
por las perdidas veredas*
hoy no volverá ya nadie.

Voy a cerrar mi ventana
porque si pierdo en el valle
mi corazón, quizás quiera
morirse con el paisaje.

Arias tristes, 1903

42

Ya están ahí las carretas...
—Lo han dicho el pinar y el viento,
lo ha dicho la luna de oro,
lo han dicho el humo y el eco.
Son las carretas que pasan
estas tardes, al sol puesto,
las carretas que se llevan
del monte los troncos muertos.

¡Cómo lloran las carretas,
camino de Pueblo Nuevo!

Los bueyes vienen soñando
a la luz de los luceros,
en el establo caliente
que sabe a madre y a heno.
Y detrás de las carretas,
caminan los carreteros,
con la aijada* sobre el hombro
y los ojos en el cielo.

¡Cómo lloran las carretas,
camino de Pueblo Nuevo!
  En la paz del campo van
dejando los troncos muertos
un olor fresco y honrado
a corazón descubierto.
Y cae el Ánjelus[43] desde
la torre del pueblo viejo,
sobre los campos talados
que huelen a cementerio.
  ¡Cómo lloran las carretas,
camino de Pueblo Nuevo!

Pastorales, 1905

43

PRIMAVERA AMARILLA

Abril venía, lleno
todo de flores amarillas;
amarillo el arroyo,
amarillo el vallado, la colina,
el cementerio de los niños,
el huerto aquel donde el amor vivía.
  El sol unjía* de amarillo el mundo,
con sus luces caídas;
¡ay, por los lirios áureos,
el agua de oro, tibia;
las amarillas mariposas
sobre las rosas amarillas!
  Guirnaldas amarillas escalaban
los árboles; el día
era una gracia perfumada de oro,
en un dorado despertar de vida.
Entre los huesos de los muertos,
abría Dios sus manos amarillas.

Poemas májicos y dolientes, 1911

44

EL VIAJE DEFINITIVO

... Y yo me iré. Y se quedarán los pájaros
cantando;
y se quedará mi huerto, con su verde árbol,
y con su pozo blanco.

Todas las tardes, el cielo será azul y plácido;
y tocarán, como esta tarde están tocando,
las campanas del campanario.

Se morirán aquellos que me amaron;
y el pueblo se hará nuevo cada año;
y en el rincón aquel de mi huerto florido y encalado,
mi espíritu errará, nostáljico...

Y yo me iré; y estaré solo, sin hogar, sin árbol
verde, sin pozo blanco,
sin cielo azul y plácido...
Y se quedarán los pájaros cantando.

Poemas agrestes (1910-1911)

45

CONVALECENCIA

Sólo tú me acompañas, sol amigo.
Como un perro de luz, lames mi lecho blanco;
y yo pierdo mi mano por tu pelo de oro,
caída de cansancio.

¡Qué de cosas que fueron
se van... más lejos todavía!
               Callo
y sonrío, igual que un niño,
dejándome lamer de ti, sol manso.

... De pronto, sol, te yergues,
fiel guardián de mi fracaso,
y, en una algarabía* ardiente y loca,
ladras a los fantasmas vanos
que, mudas sombras, me amenazan
desde el desierto del ocaso.

Estío, 1916

46
SOLEDAD

En ti está todo, mar, y sin embargo,
¡qué sin ti estás, qué sólo,
qué lejos, siempre, de ti mismo!
Abierto en mil heridas, cada instante,
cual mi frente
tus olas van, como mis pensamientos
y vienen, van y vienen,
besándose, apartándose,
en un eterno conocerse,
mar, y desconocerse.
Eres tú, y no lo sabes,
tu corazón te late, y no lo siente...
¡Qué plenitud de soledad, mar solo!

Diario de un poeta recién casado, 1916

47
OCTUBRE

Estaba yo en la tierra, enfrente
del infinito campo de Castilla,
que el otoño envolvía en la amarilla
dulzura de su claro sol poniente.

Lento, el arado, paralelamente,
abría el haza* oscura, y la sencilla
mano abierta dejaba la semilla
en su entraña partida honradamente.

Pensé arrancarme el corazón, y echarlo,
pleno de su sentir alto y profundo,
al ancho surco del terruño tierno,

a ver si con romperlo y con sembrarlo,
la primavera le mostraba al mundo
el árbol puro del amor eterno.

Sonetos espirituales, 1917

48

¡Inteligencia, dame
el nombre exacto de las cosas!
... Que mi palabra sea
la cosa misma,
creada por mi alma nuevamente.
Que por mí vayan todos
los que no las conocen, a las cosas;
que por mí vayan todos
los que ya las olvidan, a las cosas;
que por mí vayan todos
los mismos que las aman, a las cosas...
¡Inteligencia, dame
el nombre exacto, y tuyo,
y suyo, y mío, de las cosas!

Eternidades, 1918

49

¡Esta es mi vida, la de arriba,
la de la pura brisa,
la del pájaro último,
la de las cimas de oro de lo oscuro!
¡Esta es mi libertad, oler la rosa,
cortar el agua fría con mi boca loca,
desnudar la arboleda,
cojerle al sol su luz eterna!

Poesía, 1923

PEDRO SALINAS (1891-1951)
50

El alma tenías
tan clara y abierta,
que yo nunca pude
entrarme en tu alma.
Busqué los atajos
angostos, los pasos
altos y difíciles...
A tu alma se iba
por caminos anchos.
Preparé alta escala
—soñaba altos muros
guardándote el alma—
pero el alma tuya
estaba sin guarda
de tapial ni cerca.
Te busqué la puerta
estrecha del alma,
pero no tenía,
de franca que era,
entradas tu alma.
¿En dónde empezaba?
¿Acababa, en dónde?
Me quedé por siempre
sentado en las vagas
lindes* de tu alma.

Presagios, 1923

51
VOCACIÓN

Abrir los ojos. Y ver
sin falta ni sombra, a colmo
en la luz clara del día,
perfecto el mundo, completo.
Secretas medidas rigen
gracias sueltas, abandonos
fingidos, la nube aquella,
el pájaro volador,
la fuente, el tiemblo del chopo.
Está bien, mayo, sazón*.

Todo en el fiel*. Pero yo...
Tú, de sobra. A mirar,
y nada más que a mirar
la belleza rematada
que ya no te necesita.

Cerrar los ojos. Y ver
incompleto, tembloroso,
de será o de no será,
—masas torpes, planos sordos—
sin luz, sin gracia, sin orden
un mundo sin acabar,
necesitado, llamándome
a mí, o a ti, o a cualquiera
que ponga lo que le falta,
que le dé la perfección.
En aquella tarde clara,
en aquel mundo sin tacha,
escogí:
      el otro.
Cerré los ojos.

Seguro azar, 1929

52

Para vivir no quiero
islas, palacios, torres.
¡Qué alegría más alta
vivir en los pronombres!
Quítate ya los trajes,
las señas, los retratos;
yo no te quiero así,
disfrazada de otra,
hija siempre de algo.
Te quiero pura, libre,
irreductible: tú.
Sé que cuando te llame
entre todas las gentes
del mundo,
sólo tú serás tú.
Y cuando me preguntes
quién es el que te llama,
el que te quiere suya,
enterraré los nombres,
los rótulos, la historia.
Iré rompiendo todo
lo que encima me echaron
desde antes de nacer.
Y vuelto ya al anónimo
eterno del desnudo,
de la piedra, del mundo,
te diré:
«Yo te quiero, soy yo.»

La voz a ti debida[44], 1933

53

    Ayer te besé en los labios.
Te besé en los labios. Densos,
rojos. Fue un beso tan corto
que duró más que un relámpago,
que un milagro, más.
                    El tiempo
después de dártelo
no lo quise para nada
ya, para nada
lo había querido antes.
Se empezó, se acabó en él.

Hoy estoy besando un beso;
estoy solo con mis labios.
Los pongo
no en tu boca, no, ya no
—¿adónde se me ha escapado?—.
Los pongo
en el beso que te di
ayer, en las bocas juntas
del beso que se besaron.
Y dura este beso más
que el silencio, que la luz.
Porque ya no es una carne
ni una boca lo que beso,
que se escapa, que me huye.
No.
Te estoy besando más lejos.

La voz a ti debida, 1933

54

Perdóname por ir así buscándote
tan torpemente, dentro
de ti.
Perdóname el dolor, alguna vez.
Es que quiero sacar
de ti tu mejor tú.
Ese que no te viste y que yo veo,
nadador por tu fondo, preciosísimo.
Y cogerlo
y tenerlo yo en alto como tiene
el árbol la luz última
que le ha encontrado al sol.
Y entonces tú
en su busca vendrías, a lo alto.
Para llegar a él
subida sobre ti, como te quiero,
tocando ya tan sólo a tu pasado
con las puntas rosadas de tus pies,
en tensión todo el cuerpo, ya ascendiendo
de ti a ti misma.

Y que a mi amor entonces, le conteste
la nueva criatura que tú eras.

La voz a ti debida, 1933

55

La forma de querer tú
es dejarme que te quiera.
El sí con que te me rindes
es el silencio. Tus besos
son ofrecerme los labios
para que los bese yo.

Jamás palabras, abrazos,
me dirán que tú existías,
que me quisiste: jamás.
Me lo dicen hojas blancas,
mapas, augurios*, teléfonos;
tú, no.
Y estoy abrazado a ti
sin preguntarte, de miedo
a que no sea verdad
que tú vives y me quieres.
Y estoy abrazado a ti
sin mirar y sin tocarte.
No vaya a ser que descubra
con preguntas, con caricias,
esa soledad inmensa
de quererte sólo yo.

La voz a ti debida, 1933

56

¡Qué paseo de noche
con tu ausencia a mi lado!
Me acompaña el sentir
que no vienes conmigo.
Los espejos, el agua
se creen que voy solo;
se lo creen los ojos.
Sirenas de los cielos
aún chorreando estrellas,
tiernas muchachas lánguidas,
que salen de automóviles,
me llaman. No las oigo.
Aún tengo en el oído
tu voz, cuando me dijo:

«No te vayas». Y ellas,
tus tres palabras últimas,
van hablando conmigo
sin cesar, me contestan
a lo que preguntó
mi vida el primer día.
Espectros, sombras, sueños,
amores de otra vez,
de mí compadecidos,
quieren venir conmigo,
van a darme la mano.
Pero notan de pronto
que yo llevo estrechada,
cálida, viva, tierna,
la forma de una mano
palpitando en la mía.
La que tú me tendiste
al decir: «No te vayas.»
Se van, se marchan ellos,
los espectros, las sombras,
atónitos de ver
que no me dejan solo.
Y entonces la alta noche,
la oscuridad, el frío,
engañados también,
me vienen a besar.
No pueden; otro beso
se interpone en mis labios.
No se marcha de allí,
no se irá. El que me diste,
mirándome a los ojos
cuando yo me marché,
diciendo: «No te vayas.»

La voz a ti debida, 1933

57

Tú no las puedes ver;
yo, sí.
Claras, redondas, tibias.
Despacio
se van a su destino;
despacio, por marcharse
más tarde de tu carne.
Se van a nada; son
eso no más, su curso.
Y una huella, a lo largo,
que se borra en seguida.
¿Astros?
Tú
no las puedes besar.
Las beso yo por ti.
Saben; tienen sabor
a los zumos del mundo.
¡Qué gusto negro y denso
a tierra, a sol, a mar!
Se quedan un momento
en el beso, indecisas
entre tu carne fría
y mis labios; por fin
las arranco. Y no sé
si es que eran para mí.
Porque yo no sé nada.
¿Son estrellas, son signos,
son condenas o auroras?
Ni en mirar ni en besar
aprendí lo que eran.
Lo que quieren se queda
allá atrás, todo incógnito.
Y su nombre también.
(Si las llamara lágrimas,
nadie me entendería.)

La voz a ti debida, 1933

58

¿Serás, amor,
un largo adiós que no se acaba?
Vivir, desde el principio, es separarse.
En el primer encuentro
con la luz, con los labios,
el corazón percibe la congoja
de tener que estar ciego y solo un día.
Amor es el retraso milagroso
de su término mismo:
es prolongar el hecho mágico
de que uno y uno sean dos, en contra
de la primer condena de la vida.
Con los besos,
con la pena y el pecho se conquistan,
en afanosas lides*, entre gozos
parecidos a juegos,
días, tierras, espacios fabulosos,
a la gran disyunción* que está esperando,
hermana de la muerte o muerte misma.
Cada beso perfecto aparta el tiempo,
le echa hacia atrás, ensancha el mundo breve
donde puede besarse todavía.
Ni en el llegar, ni en el hallazgo
tiene el amor su cima:
es en la resistencia a separarse
en donde se le siente,
desnudo, altísimo, temblando.
Y la separación no es el momento
cuando brazos o voces,
se despiden con señas materiales:
es de antes, de después.
Si se estrechan las manos, si se abraza,
nunca es para apartarse,
es porque el alma ciegamente siente

que la forma posible de estar juntos
es una despedida larga, clara.
Y que lo más seguro es el adiós.

Razón de amor, 1936

59

Cuando te digo: «alta»,
no pienso en proporciones, en medidas:
incomparablemente te lo digo.
Alta la luz, el aire, el ave;
alta, tú, de otro modo.

En el nombre de «hermosa»
me descubro, al decírtelo,
una palabra extraña entre los labios.
Resplandeciente visión nueva
que estalla, explosión súbita,
haciendo mil pedazos
—de cristal, humo, mármol—
la palabra «hermosura» de los hombres.

Al decirte a ti: «única»,
no es porque no haya otras
rosas junto a las rosas,
olivas muchas en el árbol, no.
Es porque te vi sólo
al verte a ti. Porque te veo ahora
mientras no te me quites del amor.
Porque no te veré ya nunca más
el día que te vayas,
tú.

Razón de amor, 1936

60
EL POEMA

Y ahora, aquí está frente a mí.
Tantas luchas que ha costado,
tantos afanes en vela,
tantos bordes de fracaso
junto a este esplendor sereno
ya son nada, se olvidaron.
Él queda, y en él, el mundo,
la rosa, la piedra, el pájaro,
aquéllos, los del principio,
de este final asombrados.
¡Tan claros que se veían,
y aún se podía aclararlos!
Están mejor; una luz
que el sol no sabe, unos rayos
los iluminan, sin noche,
para siempre revelados.
Las claridades de ahora
lucen más que las de mayo.
Si allí estaban, ahora aquí;
a más transparencia alzados.
¡Qué naturales parecen,
qué sencillo el gran milagro!
En esta luz del poema,
todo,
desde el más nocturno beso
al cenital* esplendor,
todo está mucho más claro.

Todo más claro y otros poemas, 1949

JORGE GUILLÉN (1893-1984)

61

PLAZA MAYOR

Calles me conducen, calles.
¿Adónde me llevarán?
A otras esquinas suceden
otras como si el azar
fuese un alarife* sabio
que edificara al compás
de un caos infuso dentro
de esta plena realidad.

Calles, atrios, costanillas*
por donde los siglos van
entre hierros y cristales,
entre más piedra y más cal.

Decid, muros de altivez,
tapias de serenidad,
grises de viento y granito,
ocres de sol y de pan:
¿Adónde aún, hacia dónde
con los siglos tanto andar?

De pronto, cuatro son uno.
Victoria: bella unidad.

Cántico, 1950

62

LAS DOCE EN EL RELOJ

Dije: Todo ya pleno.
Un álamo vibró.
Las hojas plateadas
sonaron con amor.

Los verdes eran grises,
el amor era sol.
Entonces, mediodía,
un pájaro sumió
su cantar en el viento
con tal adoración
que se sintió cantada
bajo el viento la flor
crecida entre las mieses,
más altas. Era yo,
centro en aquel instante
de tanto alrededor,
quien lo veía todo
completo para un dios.
Dije: Todo, completo.
¡Las doce en el reloj!

Cántico, 1950

63
LOS INTRANQUILOS

Somos los hombres intranquilos
    en sociedad.
Ganamos, gozamos, volamos.
    ¡Qué malestar!
El mañana asoma entre nubes
    de un cielo turbio
con alas de arcángeles-átomos
    como un anuncio.
Estamos siempre a la merced
    de una cruzada.
Por nuestras venas corre sangre
    de catarata.

Así vivimos sin saber
   si el aire es nuestro.
Quizá muramos en la calle,
   quizá en el lecho.
Somos entre tanto felices.
   Seven o'clock[45].
Todo es bar y delicia oscura.
   ¡Televisión!

Clamor: Maremagnum, 1957

64
DEL TRASCURSO*

Miro hacia atrás, hacia los años, lejos,
y se me ahonda tanta perspectiva
que del confín apenas sigue viva
la vaga imagen sobre mis espejos.

   Aún vuelan, sin embargo, los vencejos
en torno de unas torres, y allá arriba
persiste mi niñez contemplativa.
Ya son buen vino mis viñedos viejos.

   Fortuna adversa o próspera no auguro*.
Por ahora me ahinco en mi presente,
y aunque sé lo que sé, mi afán no taso*.

   Ante los ojos, mientras, el futuro
se me adelgaza delicadamente,
más difícil, más frágil, más escaso.

Clamor: Que van a dar en la mar, 1960

65
DOLOR TRAS DOLOR

De súbito,
dominando una masa de ciudad,
un calor de gentío,
surge con atropello
clamante, suplicante,
gimiente,
desgarrándolo todo,
la terrible sirena.
              ¿Qué, qué ocurre?
¿Quién está agonizando
muy cerca de nosotros, ahora mismo?
¿Dónde el mal, sus revólveres, sus llamas?
La sirena se arroja,
va tras la salvación,
con apremiante angustia
se impone.
Pasa hiriente el minuto:
alarido brutal, que nos concierne.
Pide atención a todos sin demora
la alarma, tanta alarma.
Y un dolor invasor ocupa el ámbito
de la calle, del hombre.

Clamor: A la altura de las circunstancias, 1963

66
DESPERTAR ESPAÑOL

¡Oh blanco muro de España!
F. García Lorca

I

¿Dónde estoy?
        Me despierto en mis palabras,
por entre las palabras que ahora digo,
a gusto respirando
mientras con ellas soy, del todo soy
mi nombre,
y por ellas estoy con mi paisaje:
aquellos cerros grises de la infancia,
o ese incógnito mar, ya compañero
si mi lengua le nombra, le somete.
No estoy solo. ¡Palabras!
Y merced a sus signos
puedo acotar un trozo de planeta
donde vivir tratando de entenderme
con prójimos más próximos
en la siempre difícil tentativa
de gran comunidad.
A través de un idioma
¿yo podría llegar a ser el hombre
por fin humano a que mi esfuerzo tiende
bajo este sol de todos?

Clamor: A la altura de las circunstancias, 1963

GERARDO DIEGO (1896-1987)

67
ROSA MÍSTICA [46]

Era ella
                    Y nadie lo sabía

Pero cuando pasaba
los árboles se arrodillaban

Anidaba en sus ojos
                    el ave maría
y en su cabellera
                    se trenzaban las letanías
Era ella   Era ella

Me desmayé en sus manos
como una hoja muerta
                        sus manos ojivales
                        que daban de comer a las estrellas

Por el aire volaban
romanzas sin sonido
                    Y en su almohada de pasos
                    me quedé dormido

Imagen, 1922

68
ROMANCE DEL DUERO

  Río Duero, río Duero
nadie a acompañarte baja,
nadie se detiene a oír
tu eterna estrofa de agua.
Indiferente o cobarde,
la ciudad [47] vuelve la espalda.

No quiere ver en tu espejo
su muralla desdentada.
Tú, viejo Duero, sonríes
entre tus barbas de plata,
moliendo con tus romances
las cosechas mal logradas.
Y entre los santos de piedra
y los álamos de magia
pasas llevando en tus ondas
palabras de amor, palabras.
Quién pudiera como tú,
a la vez quieto y en marcha,
cantar siempre el mismo verso,
pero con distinta agua.
Río Duero, río Duero,
nadie a estar contigo baja,
ya nadie quiere atender
tu eterna estrofa olvidada,
sino los enamorados
que preguntan por sus almas
y siembran en tus espumas
palabras de amor, palabras.

Soria, 1923

69
NOCTURNO

Están todas
También las que se encienden en las noches de moda
Nace del cielo tanto humo
que ha oxidado mis ojos
Son sensibles al tacto las estrellas
No sé escribir a máquina sin ellas
Ellas lo saben todo

Graduar el mar febril
y refrescar mi sangre con su nieve infantil
La noche ha abierto el piano
y yo les digo adiós con la mano.

Manual de espumas, 1924

70
EL CIPRÉS DE SILOS [48]

   Enhiesto* surtidor de sombra y sueño
que acongojas el cielo con tu lanza.
Chorro que a las estrellas casi alcanza
devanado a sí mismo en loco empeño.
   Mástil de soledad, prodigio isleño;
flecha de fe, saeta de esperanza.
Hoy llegó a ti, riberas del Arlanza [49],
peregrina al azar, mi alma sin dueño.
   Cuando te vi, señero*, dulce, firme,
qué ansiedades sentí de diluirme
y ascender como tú, vuelto en cristales,
   como tú, negra torre de arduos filos,
ejemplo de delirios verticales,
mudo ciprés en el fervor de Silos.

Versos humanos, 1925

71
BRINDIS

A mis amigos de Santander
que festejaron mi nombramiento profesional.

   Debiera ahora deciros: «amigos,
muchas gracias»; y sentarme, pero sin ripios.

Permitidme que os lo diga en tono lírico,
en verso, sí, pero libre y de capricho.

Amigos:
dentro de unos días me veré rodeado de chicos,
de chicos torpes y listos,
y dóciles y ariscos,
a muchas leguas de este Santander mío,
en un pueblo antiguo,
tranquilo
y frío.
Y les hablaré de versos y de hemistiquios,
y del Dante, y de Shakespeare y de Moratín (hijo),
y de pluscuamperfectos y de participios.
Y el uno bostezará y el otro me hará un guiño,
y otro, seguramente el más listo,
me pondrá un alias definitivo.
Y así pasarán cursos monótonos y prolijos.

Pero un día tendré un discípulo,
un verdadero discípulo,
y moldearé su alma de niño
y le haré hacerse nuevo y distinto,
distinto de mí y de todos; él mismo.
Y me guardará respeto y cariño.

Y ahora yo os digo:
                    amigos,
brindemos por ese niño,
por ese predilecto discípulo,
por que mis dedos rígidos
acierten a modelar su espíritu
y mi llama lírica prenda en su corazón virgíneo,
y por que siga su camino
intacto y limpio,
y por que este mi discípulo,
que inmortalizará mi nombre y mi apellido,

... sea el hijo,
el hijo
de uno de vosotros, amigos.

Versos humanos, 1925

72
Y TU INFANCIA, DIME

Y tu infancia, dime, ¿dónde está tu infancia?,
que yo la quiero.
Las aguas que bebiste,
las flores que pisaste,
las trenzas que anudaste,
las risas que perdiste.
¿Cómo es posible que no fueran mías?
Dímelo, que estoy triste.
Quince años, sólo tuyos, nunca míos.
No me escondas tu infancia.
Pídele a Dios que nos desande el tiempo.
Volverá tu niñez y jugaremos.

Versos humanos, 1925

73
INSOMNIO

Tú y tu desnudo sueño. No lo sabes.
Duermes. No. No lo sabes. Yo en desvelo,
y tú, inocente, duermes bajo el cielo.
Tú por tu sueño y por el mar las naves.

En cárceles de espacio, aéreas llaves
te me encierran, recluyen, roban. Hielo,
cristal de aire en mil hojas. No. No hay vuelo
que alce hasta ti las alas de mis aves.

Saber que duermes tú, cierta, segura
—cauce fiel de abandono, línea pura—,
tan cerca de mis brazos maniatados.
  Qué pavorosa esclavitud de isleño,
yo insomne, loco, en los acantilados,
las naves por el mar, tú por tu sueño.

Alondra de verdad, 1941

74

REVELACIÓN

  Era en Numancia[50], al tiempo que declina
la tarde del agosto augusto y lento,
Numancia del silencio y de la ruina,
alma de libertad, trono del viento.
  La luz se hacía por momentos mina
de transparencia y desvanecimiento,
diafanidad de ausencia vespertina,
esperanza, esperanza del portento.
  Súbito, ¿dónde?, un pájaro sin lira,
sin rama, sin atril, canta, delira,
flota en la cima de su fiebre aguda.
  Vivo latir de Dios nos goteaba,
risa y charla de Dios, libre y desnuda.
Y el pájaro, sabiéndolo, cantaba.

Alondra de verdad, 1941

75

CUMBRE DE URBIÓN[51]

  Es la cumbre, por fin, la última cumbre.
Y mis ojos en torno hacen la ronda
y cantan el perfil, a la redonda,
de media España y su fanal de lumbre.

Leve es la tierra. Toda pesadumbre
se desvanece en cenital* rotonda.
Y al beso y tacto de infinita onda
duermen sierras y valles su costumbre.

   Geología yacente, sin más huellas
que una nostalgia trémula de aquellas
palmas de Dios palpando su relieve.

   Pero algo, Urbión, no duerme en tu nevero,
que entre pañales de tu virgen nieve
sin cesar nace y llora el niño Duero.

Alondra de verdad, 1941

76
CUARTO DE BAÑO

   Qué claridad de playa al mediodía,
qué olor de mar, qué tumbos, cerca, lejos,
si, entre espumas y platas y azulejos,
Venus renace a la mitología.

   Concha de porcelana, el baño fía
su parto al largo amor de los espejos,
que, deslumbrados, ciegos de reflejos,
se empañan de un rubor de niebla fría.

   He aquí, olorosa, la diosa desnuda.
Nimbo* de suavidad su piel exuda*
y en el aire se absuelve y se demora.

   Venus, esquiva en su rebozo*, huye.
Su alma por los espacios se diluye,
y solo —olvido— un grifo llora y llora.

Alondra de verdad, 1941

77
SUCESIVA

Déjame acariciarte lentamente,
déjame lentamente comprobarte,
ver que eres de verdad, un continuarte
de ti misma a ti misma extensamente.

Onda tras onda irradian de tu frente
y mansamente, apenas sin rizarte,
rompen tus diez espumas al besarte
de tus pies en la playa adolescente.

Así te quiero, fluida y sucesiva,
manantial tú de ti, agua furtiva,
música para el tacto perezosa.

Así te quiero, en límites pequeños,
aquí y allá, fragmentos, lirio, rosa,
y tu unidad después, luz de mis sueños.

Alondra de verdad, 1941

78
CONDICIONAL

Si cascas como un huevo
un reloj abandonado de las horas
caerá sobre tus rodillas el retrato de tu madre muerta
Si arrancas ese botón umbilical de tu chaleco
cuando nadie le observa entre las hojas
verás cerrarse uno a uno los ojos de las esponjas
Si averiguas a fuerza de contemplarla largamente
el oleaje sin espuma de una oreja querida
se te iluminará la mitad más íntima de la vida

Si mondas esta tarde una naranja con los dedos
enguantados
a la noche la luna sigilosa
paseará por la orilla del río recogiendo
anillos de viudas y proyectos
de lentos crisantemos
   Si por ventura quieres
gozar del privilegio último
de los reos de muerte y de los corderillos
no olvides cercenarte tus auroras más puras
y tus uñas más fieles. No lo olvides.

Biografía incompleta, 1953

FEDERICO GARCÍA LORCA (1898-1936)

79

SORPRESA

Muerto se quedó en la calle
con un puñal en el pecho.
No lo conocía nadie.
¡Cómo temblaba el farol!
Madre.
¡Cómo temblaba el farolito
de la calle!
Era madrugada. Nadie
pudo asomarse a sus ojos
abiertos al duro aire.
Que muerto se quedó en la calle,
que con un puñal en el pecho
y que no lo conocía nadie.

Poema del cante jondo (1921), 1931

80

MALAGUEÑA

La muerte
entra y sale
de la taberna.

Pasan caballos negros
y gente siniestra
por los hondos caminos
de la guitarra.

Y hay un olor a sal
y a sangre de hembra,

en los nardos febriles
de la marina.

La muerte
entra y sale,
y sale y entra
la muerte
de la taberna.

Poema del cante jondo (1921), 1931

81
CAZADOR

¡Alto pinar!
Cuatro palomas por el aire van.
 Cuatro palomas
vuelan y tornan.
Llevan heridas
sus cuatro sombras.
 ¡Bajo pinar!
Cuatro palomas en la tierra están.

Canciones, 1927

82
CANCIÓN DE JINETE

Córdoba.
Lejana y sola.
 Jaca negra, luna grande
y aceitunas en mi alforja.
Aunque sepa los caminos
yo nunca llegaré a Córdoba.

Por el llano, por el viento,
jaca negra, luna roja.
La muerte me está mirando
desde las torres de Córdoba.

¡Ay qué camino tan largo!
¡Ay mi jaca valerosa!
¡Ay que la muerte me espera,
antes de llegar a Córdoba!
Córdoba.
Lejana y sola.

Canciones, 1927

83

ROMANCE DE LA LUNA LUNA

La luna vino a la fragua
con su polisón* de nardos.
El niño la mira mira.
El niño la está mirando.
En el aire conmovido
mueve la luna sus brazos
y enseña, lúbrica* y pura,
sus senos de duro estaño.
—Huye luna, luna, luna.
Si vinieran los gitanos,
harían de tu corazón
collares y anillos blancos.
—Niño, déjame que baile.
Cuando vengan los gitanos,
te encontrarán sobre el yunque
con los ojillos cerrados.
—Huye luna, luna, luna,
que ya siento sus caballos.
—Niño, déjame, no pises
mi blancor almidonado.

El jinete se acercaba
tocando el tambor del llano.

Dentro de la fragua, el niño
tiene los ojos cerrados.
Por el olivar venían,
bronce y sueño, los gitanos.
Las cabezas levantadas
y los ojos entornados.
¡Cómo canta la zumaya*,
ay cómo canta en el árbol!
Por el cielo va la luna
con un niño de la mano.
    Dentro de la fragua lloran,
dando gritos, los gitanos.
El aire la vela vela.
El aire la está velando.

Romancero gitano (1924-1927), 1928

84

ROMANCE SONÁMBULO

Verde que te quiero verde.
Verde viento. Verdes ramas.
El barco sobre la mar
y el caballo en la montaña.
Con la sombra en la cintura
ella sueña en su baranda*,
verde carne, pelo verde,
con ojos de fría plata.
Verde que te quiero verde.
Bajo la luna gitana,
las cosas la están mirando
y ella no puede mirarlas.
    Verde que te quiero verde.
Grandes estrellas de escarcha,
vienen con el pez de sombra
que abre el camino del alba.

La higuera frota su viento
con la lija de sus ramas,
y el monte, gato garduño*,
eriza sus pitas agrias.
¿Pero quién vendrá? ¿Y por dónde...?
Ella sigue en su baranda,
verde carne, pelo verde,
soñando en la mar amarga.
—Compadre, quiero cambiar
mi caballo por su casa,
mi montura por su espejo,
mi cuchillo por su manta.
Compadre, vengo sangrando,
desde los puertos de Cabra [52].
—Si yo pudiera, mocito,
ese trato se cerraba.
Pero yo ya no soy yo,
ni mi casa es ya mi casa.
—Compadre, quiero morir
decentemente en mi cama.
De acero, si puede ser,
con las sábanas de Holanda.
¿No ves la herida que tengo
desde el pecho a la garganta?
—Trescientas rosas morenas
lleva tu pechera blanca.
Tu sangre rezuma y huele
alrededor de tu faja.
Pero yo ya no soy yo,
ni mi casa es ya mi casa.
—Dejadme subir al menos
hasta las altas barandas,
¡dejadme subir!, dejadme
hasta las verdes barandas.
Barandales de la luna
por donde retumba el agua.

Ya suben los dos compadres
hacia las altas barandas.
Dejando un rastro de sangre.
Dejando un rastro de lágrimas.
Temblaban en los tejados
farolillos de hojalata.
Mil panderos de cristal,
herían la madrugada.

    Verde que te quiero verde,
verde viento, verdes ramas.
Los dos compadres subieron.
El largo viento dejaba
en la boca un raro gusto
de hiel, de menta y de albahaca*.
—¡Compadre! ¿Dónde está, dime?
¿Dónde está tu niña amarga?
—¡Cuántas veces te esperó!
¡Cuántas veces te esperara,
cara fresca, negro pelo,
en esta verde baranda!

    Sobre el rostro del aljibe*
se mecía la gitana.
Verde carne, pelo verde,
con ojos de fría plata.
Un carámbano* de luna
la sostiene sobre el agua.
La noche se puso íntima
como una pequeña plaza.
Guardias civiles borrachos
en la puerta golpeaban.
Verde que te quiero verde.
Verde viento. Verdes ramas.
El barco sobre la mar.
Y el caballo en la montaña.

Romancero gitano (1924-1927), 1928

85
LA AURORA

La aurora de Nueva York tiene
cuatro columnas de cieno*
y un huracán de negras palomas
que chapotean las aguas podridas.

La aurora de Nueva York gime
por las inmensas escaleras
buscando entre las aristas
nardos de angustia dibujada.

La aurora llega y nadie la recibe en su boca
porque allí no hay mañana ni esperanza posible.
A veces las monedas en enjambres furiosos
taladran y devoran abandonados niños.

Los primeros que salen comprenden con sus huesos
que no habrá paraíso ni amores deshojados;
saben que van al cieno de números y leyes,
a los juegos sin arte, a sudores sin fruto.

La luz es sepultada por cadenas y ruidos
en impúdico reto de ciencias sin raíces.
Por los barrios hay gentes que vacilan insomnes
como recién salidas de un naufragio de sangre.

Poeta en Nueva York (1929-1930), 1940

86
NIÑA AHOGADA EN EL POZO
(GRANADA Y NEWBURG) [53]

Las estatuas sufren con los ojos
por la oscuridad de los ataúdes,
pero sufren mucho más
por el agua que no desemboca.
...Que no desemboca.

El pueblo corría por las almenas
rompiendo las cañas de los pescadores.
Pronto. Los bordes, de prisa.
Y croaban las estrellas tiernas.
... Que no desemboca.

Tranquila en mi recuerdo. Astro. Círculo. Meta.
Lloras por las orillas de un ojo de caballo.
... Que no desemboca.

Pero nadie en lo oscuro podrá darte distancia,
sino afilado límite, porvenir de diamante.
... Que no desemboca.

Mientras la gente busca silencios de tu almohada,
tú lates para siempre definida en tu anillo.
... Que no desemboca.

Eterna en los finales de unas ondas que aceptan
combate de raíces y soledad prevista.
... Que no desemboca.

Ya vienen por las rampas, ¡levántate del agua!
Cada punto de luz te dará una cadena.
... Que no desemboca.

Pero el pozo te alarga manecitas de musgo,
insospechada ondina* de su casta ignorancia.
... Que no desemboca.

No, que no desemboca. Agua fija en un punto
respirando con todos los violines sin cuerdas
en la escala de las heridas y los edificios deshabitados.

   Agua que no desemboca.

Poeta en Nueva York (1929-1930), 1940

LA SANGRE DERRAMADA [54]

¡Que no quiero verla!
Dile a la luna que venga,
que no quiero ver la sangre
de Ignacio sobre la arena.

¡Que no quiero verla!
La luna de par en par,
caballo de nubes quietas,
y la plaza gris del sueño
con sauces en las barreras.

¡Que no quiero verla!
Que mi recuerdo se quema.
¡Avisad a los jazmines
con su blancura pequeña!

¡Que no quiero verla!
La vaca del viejo mundo
pasaba su triste lengua
sobre un hocico de sangres
derramadas en la arena,
y los toros de Guisando [55],
casi muerte y casi piedra,
mugieron como dos siglos
hartos de pisar la tierra.
No.
¡Que no quiero verla!

Por las gradas sube Ignacio
con toda su muerte a cuestas.
Buscaba el amanecer,
y el amanecer no era.
Busca su perfil seguro,
y el sueño lo desorienta.
Buscaba su hermoso cuerpo
y encontró su sangre abierta.

¡No me digáis que la vea!
No quiero sentir el chorro
cada vez con menos fuerza;
ese chorro que ilumina
los tendidos y se vuelca
sobre la pana y el cuero
de muchedumbre sedienta.
¡Quién me grita que me asome!
¡No me digáis que la vea!

    No se cerraron sus ojos
cuando vio los cuernos cerca,
pero las madres terribles
levantaron la cabeza.
Y a través de las ganaderías,
hubo un aire de voces secretas
que gritaban a toros celestes,
mayorales de pálida niebla.
No hubo príncipe en Sevilla
que comparársele pueda,
ni espada como su espada,
ni corazón tan de veras.
Como un río de leones
su maravillosa fuerza,
y como un torso de mármol
su dibujada prudencia.
Aire de Roma andaluza
le doraba la cabeza
donde su risa era un nardo
de sal y de inteligencia.
¡Qué gran torero en la plaza!
¡Qué gran serrano en la sierra!
¡Qué blando con las espigas!
¡Qué duro con las espuelas!
¡Qué tierno con el rocío!
¡Qué deslumbrante en la feria!

¡Qué tremendo con las últimas
banderillas de tiniebla!
   Pero ya duerme sin fin.
Ya los musgos y la hierba
abren con dedos seguros
la flor de su calavera.
Y su sangre ya viene cantando:
cantando por marismas y praderas,
resbalando por cuernos ateridos,
vacilando sin alma por la niebla,
tropezando con miles de pezuñas
como una larga, oscura, triste lengua,
para formar un charco de agonía
junto al Guadalquivir de las estrellas.
¡Oh blanco muro de España!
¡Oh negro toro de pena!
¡Oh sangre dura de Ignacio!
¡Oh ruiseñor de sus venas!
No.
¡Que no quiero verla!
Que no hay cáliz que la contenga,
que no hay golondrinas que se la beban,
no hay escarcha de luz que la enfríe,
no hay canto ni diluvio de azucenas,
no hay cristal que la cubra de plata.
No.
¡¡Yo no quiero verla!!

Llanto por Ignacio Sánchez Mejías, 1935

88
CASIDA [56] DEL LLANTO

   He cerrado mi balcón
porque no quiero oír el llanto,
pero por detrás de los grises muros
no se oye otra cosa que el llanto.

Hay muy pocos ángeles que canten,
hay muy pocos perros que ladren,
mil violines caben en la palma de mi mano.

Pero el llanto es un perro inmenso,
el llanto es un ángel inmenso,
el llanto es un violín inmenso,
las lágrimas amordazan al viento,
y no se oye otra cosa que el llanto.

Diván[57] *del Tamarit*[58] (1931-1934), 1940

89
CASIDA DE LA MUJER TENDIDA

Verte desnuda es recordar la tierra.
La tierra lisa, limpia de caballos.
La tierra sin un junco, forma pura
cerrada al porvenir: confín de plata.

Verte desnuda es comprender el ansia
de la lluvia que busca débil talle
o la fiebre del mar de inmenso rostro
sin encontrar la luz de su mejilla.

La sangre sonará por las alcobas
y vendrá con espada fulgurante,
pero tú no sabrás dónde se ocultan
el corazón de sapo o la violeta.

Tu vientre es una lucha de raíces,
tus labios son un alba sin contorno,
bajo las rosas tibias de la cama
los muertos gimen esperando turno.

Diván del Tamarit (1931-1934), 1940

90
SONETO DE LA DULCE QUEJA

No me dejes perder la maravilla
de tus ojos de estatua, ni el acento
que de noche me pone en la mejilla
la solitaria rosa de tu aliento.

Tengo miedo de ser en esta orilla
tronco sin ramas, y lo que más siento
es no tener la flor, pulpa o arcilla
para el gusano de mi sufrimiento.

Si tú eres el tesoro oculto mío,
si eres mi cruz y mi dolor mojado,
si soy el perro de tu señorío,

no me dejes perder lo que he ganado
y decora las aguas de tu río
con hojas de mi otoño enajenado.

Sonetos del amor oscuro (1929-1936), 1985

VICENTE ALEIXANDRE (1898-1984)

91
ADOLESCENCIA

    Vinieras y te fueras dulcemente,
de otro camino
a otro camino. Verte,
y ya otra vez no verte.
Pasar por un puente a otro puente.
—El pie breve,
la luz vencida alegre—.
    Muchacho que sería yo mirando
aguas abajo la corriente,
y en el espejo tu pasaje
fluir, desvanecerse.

Ámbito, 1928

92
SE QUERÍAN

Se querían.
Sufrían por la luz, labios azules en la madrugada,
labios saliendo de la noche dura,
labios partidos, sangre, ¿sangre dónde?
Se querían en un lecho navío, mitad noche, mitad luz.
    Se querían como las flores a las espinas hondas,
a esa amorosa gema del amarillo nuevo,
cuando los rostros giran melancólicamente,
giralunas que brillan recibiendo aquel beso.
    Se querían de noche, cuando los perros hondos
laten bajo la tierra y los valles se estiran
como lomos arcaicos que se sienten repasados:
caricia, seda, mano, luna que llega y toca.

Se querían de amor entre la madrugada,
entre las duras piedras cerradas de la noche,
duras como los cuerpos helados por las horas,
duras como los besos de diente a diente sólo.

Se querían de día, playa que va creciendo,
ondas que por los pies acarician los muslos,
cuerpos que se levantan de la tierra y flotando...
Se querían de día, sobre el mar, bajo el cielo.

Mediodía perfecto, se querían tan íntimos,
mar altísimo y joven, intimidad extensa,
soledad de lo vivo, horizontes remotos
ligados como cuerpos en soledad cantando.

Amando. Se querían como la luna lúcida,
como ese mar redondo que se aplica a ese rostro,
dulce eclipse de agua, mejilla oscurecida,
donde los peces rojos van y vienen sin música.

Día, noche, ponientes, madrugadas, espacios,
ondas nuevas, antiguas, fugitivas, perpetuas,
mar o tierra, navío, lecho, pluma, cristal,
metal, música, labio, silencio vegetal,
mundo, quietud, su forma. Se querían, sabedlo.

La destrucción o el amor, 1935

93
DIOSA

Dormida sobre el tigre,
su leve trenza yace.
Mirad su bulto. Alienta
sobre la piel hermosa,
tranquila, soberana.
¿Quién puede osar, quién solo
sus labios hoy pondría
sobre la luz dichosa
que, humana apenas, sueña?

Miradla allí. ¡Cuán sola!
¡Cuán intacta! ¿Tangible?
Casi divina, leve
el seno se alza, cesa,
se yergue, abate; gime
como el amor. Y un tigre
soberbio la sostiene
como la mar hircana*,
donde flotase extensa,
feliz, nunca ofrecida.
 ¡Ah, mortales! No, nunca;
desnuda, nunca vuestra.
Sobre la piel hoy ígnea
miradla, exenta: es diosa.

Sombra del paraíso (1939), 1944

94

CIUDAD DEL PARAÍSO

A mi ciudad de Málaga

Siempre te ven mis ojos, ciudad de mis días marinos.
Colgada del imponente monte, apenas detenida
en tu vertical caída a las ondas azules,
pareces reinar bajo el cielo, sobre las aguas,
intermedia en los aires, como si una mano dichosa
te hubiera retenido, un momento de gloria, antes de hundirte
 [para siempre en las olas amantes.
Pero tú duras, nunca desciendes, y el mar suspira
o brama por ti, ciudad de mis días alegres,
ciudad madre y blanquísima donde viví y recuerdo,
angélica ciudad que, más alta que el mar, presides sus
 [espumas.

161

Calles apenas, leves, musicales. Jardines
donde flores tropicales elevan sus juveniles palmas
[gruesas.
Palmas de luz que sobre las cabezas, aladas,
mecen el brillo de la brisa y suspenden
por un instante labios celestiales que cruzan
con destino a las islas remotísimas, mágicas,
que allá en el azul índigo*, libertadas, navegan.
  Allí también viví, allí, ciudad graciosa, ciudad honda.
Allí, donde los jóvenes resbalan sobre la piedra amable,
y donde las rutilantes paredes besan siempre
a quienes siempre cruzan, hervidores, en brillos.
  Allí fui conducido por una mano materna.
Acaso de una reja florida una guitarra triste
cantaba la súbita canción suspendida en el tiempo;
quieta la noche, más quieto el amante,
bajo la luna eterna que instantánea transcurre.
  Un soplo de eternidad pudo destruirte,
ciudad prodigiosa, momento que en la mente de un Dios
[emergiste.
Los hombres por un sueño vivieron, no vivieron,
eternamente fúlgidos* como un soplo divino.
  Jardines, flores. Mar alentando como un brazo que
[anhela
a la ciudad voladora entre monte y abismo,
blanca en los aires, con calidad de pájaro suspenso
que nunca arriba. ¡Oh ciudad no en la tierra!
  Por aquella mano materna fui llevado ligero
por tus calles ingrávidas*. Pie desnudo en el día.
Pie desnudo en la noche. Luna grande. Sol puro.
Allí el cielo eras tú, ciudad que en él morabas.
Ciudad que en él volabas con tus alas abiertas.

Sombra del paraíso (1939), 1944

95
EL SUEÑO

Hay momentos de soledad
en que el corazón reconoce, atónito, que no ama.
Acabamos de incorporarnos, cansados: el día oscuro.
Alguien duerme, inocente, todavía sobre su lecho.

Pero quizá nosotros dormimos... Ah, no; nos movemos
y estamos tristes, callados. La lluvia, allí, insiste.

Mañana de bruma lenta, impiadosa ¡Cuán solos!
Miramos por los cristales. Las ropas, caídas;
el aire, pesado; el agua, sonando. Y el cuarto,
helado en este duro invierno que, fuera, es distinto.

Así te quedas callado, tu rostro en tu palma.
Tu codo sobre la mesa. La silla, en silencio.
Y sólo suena el pausado respiro de alguien,
de aquella que allí, serena, bellísima, duerme
y sueña que no la quieres, y tú eres su sueño.

Historia del corazón, 1954

96
EN LA PLAZA

Hermoso es, hermosamente humilde y confiante, vivi-
[ficador y profundo,
sentirse bajo el sol, entre los demás, impelido,
llevado, conducido, mezclado, rumorosamente arrastrado.

No es bueno
quedarse en la orilla
como el malecón* o como el molusco que quiere calca-
[reamente imitar a la roca.
Sino que es puro y sereno arrastrarse en la dicha
de fluir y perderse,
encontrándose en el movimiento con que el gran cora-
[zón de los hombres palpita extendido.

Como ese que vive ahí, ignoro en qué piso,
y le he visto bajar por unas escaleras
y adentrarse valientemente entre la multitud y perderse.
La gran masa pasaba. Pero era reconocible el diminuto
                             [corazón afluido*.
Allí, ¿quién lo reconocería? Allí con esperanza, con reso-
                 [lución o con fe, con temeroso denuedo*,
con silenciosa humildad, allí él también
transcurría.
   Era una gran plaza abierta, y había olor de existencia.
Un olor a gran sol descubierto, a viento rizándolo,
un gran viento que sobre las cabezas pasaba su mano,
su gran mano que rozaba las frentes unidas y las recon-
fortaba.
   Y era el serpear que se movía
como un único ser, no sé si desvalido, no sé si poderoso,
pero existente y perceptible, pero cubridor de la tierra.
   Allí cada uno puede mirarse y puede alegrarse y
                            [puede reconocerse.
Cuando, en la tarde caldeada, solo en tu gabinete*,
con los ojos extraños y la interrogación en la boca,
quisieras algo preguntar a tu imagen,
   no te busques en el espejo,
en un extinto* diálogo en que no te oyes.
Baja, baja despacio y búscate entre los otros.
Allí están todos, y tú entre ellos.
Oh, desnúdate y fúndete, y reconócete.
   Entra despacio, como el bañista que, temeroso, con
                      [mucho amor y recelo al agua,
introduce primero sus pies en la espuma,
y siente el agua subirle, y ya se atreve, y casi ya se decide.
Y ahora con el agua en la cintura todavía no se confía.
Pero él extiende sus brazos, abre al fin sus dos brazos y
                                 [se entrega completo.
Y allí fuerte se reconoce, y crece y se lanza,
y avanza y levanta espumas, y salta y confía,
y hiende* y late en las aguas vivas, y canta, y es joven.

Así, entra con pies desnudos. Entra en el hervor, en la
[plaza.
Entra en el torrente que te reclama y allí sé tú mismo.
¡Oh pequeño corazón diminuto, corazón que quiere latir
para ser él también el unánime corazón que le alcanza!

Historia del corazón, 1954

97
EL POETA SE ACUERDA DE SU VIDA

Vivir, dormir, morir: soñar acaso.
Hamlet

Perdonadme: he dormido.
Y dormir no es vivir. Paz a los hombres.
Vivir no es suspirar o presentir palabras que aún nos
vivan.
¿Vivir en ellas? Las palabras mueren.
Bellas son al sonar, mas nunca duran.
Así esta noche clara. Ayer cuando la aurora,
o cuando el día cumplido estira el rayo
final, y da en tu rostro acaso.

Con un pincel de luz cierra tus ojos.
Duerme.
La noche es larga, pero ya ha pasado.

Poemas de la consumación (1965-1966), 1968

LUIS CERNUDA (1902-1963)

98
TE QUIERO

Te quiero.
Te lo he dicho con el viento,
jugueteando como animalillo en la arena
o iracundo como órgano tempestuoso;
　te lo he dicho con el sol,
que dora desnudos cuerpos juveniles
y sonríe en todas las cosas inocentes;
　te lo he dicho con las nubes,
frentes melancólicas que sostienen el cielo,
tristezas fugitivas;
　te lo he dicho con las plantas,
leves criaturas transparentes
que se cubren de rubor repentino;
　te lo he dicho con el agua,
vida luminosa que vela un fondo de sombras;
te lo he dicho con el miedo,
te lo he dicho con la alegría,
con el hastío, con las terribles palabras.
　Pero así no me basta:
más allá de la vida,
quiero decírtelo con la muerte;
más allá del amor,
quiero decírtelo con el olvido.

Los placeres prohibidos, 1931

99
EN MEDIO DE LA MULTITUD

　En medio de la multitud le vi pasar, con sus ojos tan
rubios como la cabellera. Marchaba abriendo el
aire y los cuerpos; una mujer se arrodilló a su paso.

Yo sentí cómo la sangre desertaba* mis venas gota a gota.
Vacío, anduve sin rumbo por la ciudad. Gentes extrañas pasaban a mi lado sin verme. Un cuerpo se derritió con leve susurro al tropezarme. Anduve más y más.
No sentía mis pies. Quise cogerlos en mi mano, y no hallé mis manos; quise gritar y no hallé mi voz. La niebla me envolvía.
Me pesaba la vida como un remordimiento; quise arrojarla de mí. Mas era imposible, porque estaba muerto y andaba entre muertos.

Los placeres prohibidos, 1931

100

Donde habite el olvido [59],
en los vastos jardines sin aurora;
donde yo sólo sea
memoria de una piedra sepultada entre ortigas
sobre la cual el viento escapa a sus insomnios.
  Donde mi nombre deje
al cuerpo que designa en brazos de los siglos,
donde el deseo no exista.
  En esa gran región donde el amor, ángel terrible,
no esconda como acero
en mi pecho su ala,
sonriendo lleno de gracia aérea mientras crece el tor-
[mento.
  Allá donde termine este afán que exige un dueño a
[imagen suya,
sometiendo a otra vida su vida,
sin más horizonte que otros ojos frente a frente.

Donde penas y dichas no sean más que nombres,
cielo y tierra nativos en torno de un recuerdo;
donde al fin quede libre sin saberlo yo mismo,
disuelto en niebla, ausencia,
ausencia leve como carne de niño.
Allá, allá lejos;
donde habite el olvido.

Donde habite el olvido, 1935

101

Adolescente fui en días idénticos a nubes,
cosa grácil*, visible por penumbra y reflejo,
y extraño es, si ese recuerdo busco,
que tanto, tanto duela sobre el cuerpo de hoy.

Perder placer es triste
como la dulce lámpara sobre el lento nocturno;
aquél fui, aquél fui, aquél he sido;
era la ignorancia mi sombra.

Ni gozo ni pena; fui niño
prisionero entre muros cambiantes;
historias como cuerpos, cristales con cielos,
sueño luego, un sueño más alto que la vida.

Cuando la muerte quiera
una verdad quitar de entre mis manos,
las hallará vacías, como en la adolescencia
ardientes de deseo, tendidas hacia el aire.

Donde habite el olvido, 1935

102
GAVIOTAS EN LOS PARQUES [60]

Dueña de los talleres, las fábricas, los bares,
toda piedras oscuras bajo un cielo sombrío,
silenciosa a la noche, los domingos devota,
es la ciudad levítica* que niega sus pecados.

El verde turbio de la hierba y los árboles
interrumpe con parques los edificios uniformes,
y en la naturaleza sin encanto, entre la lluvia,
mira de pronto, penacho de locura, las gaviotas.

¿Por qué, teniendo alas, son huéspedes del humo,
el sucio arroyo, los puentes de madera de estos parques?
Un viento de infortunio o una mano inconsciente,
de los puertos nativos, tierra adentro las trajo.

Lejos quedó su nido de los mares, mecido por tormentas
de invierno, en calma luminosa los veranos.
Ahora su queja va, como el grito de almas en destierro.
Quien con alas las hizo, el espacio les niega.

Las nubes, 1934

103
UN ESPAÑOL HABLA DE SU TIERRA

    Las playas, parameras*
al rubio sol durmiendo,
los oteros, las vegas
en paz, a solas, lejos;

    los castillos, ermitas,
cortijos y conventos,
la vida con la historia,
tan dulces al recuerdo,

    ellos, los vencedores[61],
Caínes sempiternos,
de todo me arrancaron.
Me dejan el destierro.

    Una mano divina
tu tierra alzó en mi cuerpo
y allí la voz dispuso
que hablase tu silencio[62].

Contigo solo estaba,
en ti sola creyendo;
pensar tu nombre ahora
envenena mis sueños.

   Amargos son los días
de la vida, viviendo
sólo una larga espera
a fuerza de recuerdos.

   Un día, tú ya libre
de la mentira de ellos,
me buscarás. Entonces,
¿qué ha de decir un muerto?

Las nubes, 1943

104
SER DE SANSUEÑA[63]

Acaso allí estará, cuatro costados
bañados en los mares, al centro de la meseta
ardiente y andrajosa. Es ella, la madrastra
original de tantos, como tú, dolidos
de ella y por ella dolientes.

   Es la tierra imposible, que a su imagen te hizo
para de sí arrojarte. En ella el hombre
que otra cosa no pudo, por error naciendo,
sucumbe de verdad, y como pago
ocasional de otros errores inmortales.

   Inalterable, en violento claroscuro,
mírala, piénsala. Árida tierra, cielo fértil,
con nieves y resoles, riadas y sequías;
almendros y chumberas, espartos y naranjos
crecen en ella, ya desierto, ya oasis.

   Junto a la iglesia está la casa llana[64],
al lado del palacio está la timba*,
el alarido ronco junto a la voz serena,
el amor junto al odio, y la caricia junto
a la puñalada. Allí es extremo todo.

La nobleza plebeya, el populacho noble,
la pueblan; dando terratenientes y toreros,
curas y caballistas, vagos y visionarios,
guapos* y guerrilleros. Tú compatriota,
bien que ello te repugne, de su fauna.

   Las cosas tienen precio. Lo es del poderío
la corrupción, del amor la no correspondencia;
y ser de aquella tierra lo pagas con no serlo
de ninguna: deambular, vacuo y nulo,
por el mundo, que a Sansueña y sus hijos desconoce.

   Si en otro tiempo hubiera sido nuestra,
cuando gentes extrañas la temían y odiaban,
y mucho era ser de ella; cuando toda
su sinrazón congénita, ya locura hoy,
como admirable paradoja se imponía.

   Vivieron muerte, sí, pero con gloria
monstruosa. Hoy la vida morimos
en ajeno rincón. Y mientras tanto
los gusanos, de ella y su ruina irreparable,
crecen, prosperan.

   Vivir para ver esto.
Vivir para ser esto.

Vivir sin estar viviendo, 1958

105
LA POESÍA

   Para tu siervo el sino* le escogiera,
y absorto y entregado, el niño
¿qué podía hacer sino seguirte?

   El mozo luego, enamorado, conocía
tu poder sobre él, y lo ha servido
como a nada en la vida, contra todo.

   Pero el hombre algún día, al preguntarse:
la servidumbre larga qué le ha deparado,
su libertad envidió a uno, a otro su fortuna.

Y quiso ser él mismo, no servirte
más, y vivir para sí, entre los hombres.
Tú le dejaste, como a un niño, a su capricho.
   Pero después, pobre sin ti de todo,
a tu voz que llamaba, o al sueño de ella,
vivo en su servidumbre respondió: «Señora.»

Con las horas contadas, 1958

106
PEREGRINO

   ¿Volver? Vuelva el que tenga,
tras largos años, tras un largo viaje,
cansancio del camino y la codicia
de su tierra, su casa, sus amigos,
del amor que al regreso fiel le espere.
   Mas ¿tú? ¿volver? Regresar no piensas,
sino seguir libre adelante,
disponible por siempre, mozo o viejo,
sin hijo que te busque, como a Ulises,
sin Ítaca que aguarde y sin Penélope[65].
   Sigue, sigue adelante y no regreses,
fiel hasta el fin del camino y tu vida,
no eches de menos un destino más fácil,
tus pies sobre la tierra antes no hollada*,
tus ojos frente a lo antes nunca visto.

Desolación de la quimera, 1962

107
DESPEDIDA

Muchachos
que nunca fuisteis compañeros de mi vida,
adiós.
Muchachos
que no seréis nunca compañeros de mi vida,
adiós [66].

El tiempo de una vida nos separa
infranqueable:
a un lado la juventud libre y risueña;
a otro la vejez humillante e inhóspita.

De joven no sabía
ver la hermosura, codiciarla, poseerla;
de viejo la he aprendido
y veo a la hermosura, mas la codicio inútilmente.

Mano de viejo mancha
el cuerpo juvenil si intenta acariciarlo.
Con solitaria dignidad el viejo debe
pasar de largo junto a la tentación tardía.

Frescos y codiciables son los labios besados,
labios nunca besados más codiciables y frescos apare-
¿Qué remedio, amigos? ¿Qué remedio?   [cen.
Bien lo sé: no lo hay.

Qué dulce hubiera sido
en vuestra compañía vivir un tiempo:
bañarse juntos en aguas de una playa caliente,
compartir bebida y alimento en una mesa.
Sonreír, conversar, pasearse
mirando cerca, en vuestros ojos, esa luz y esa música.

Seguid, seguid así, tan descuidadamente,
atrayendo al amor, atrayendo al deseo.
No cuidéis de la herida que la hermosura vuestra y vues-
                                            [tra gracia abren
en este transeúnte inmune en apariencia a ellas.

Adiós, adiós, manojos de gracias y donaires.
Que yo pronto he de irme, confiado,
adonde, anudado el roto hilo, diga y haga
lo que aquí falta, lo que a tiempo decir y hacer aquí no
supe.
   Adiós, adiós, compañeros imposibles.
Que ya tan sólo aprendo
a morir, deseando
veros de nuevo, hermosos igualmente
en alguna otra vida.

Desolación de la quimera, 1962

RAFAEL ALBERTI (1902-1999)

108

> ... *la blusa azul, y la cinta*
> *milagrera sobre el pecho.*
> J.R.J.

—Madre, vísteme a la usanza
de las tierras marineras:
el pantalón de campana,
la blusa azul ultramar
y la cinta milagrera.
　—¿Adónde vas, marinero,
por las calles de la tierra?
　—¡Voy por las calles del mar!
Si mi voz muriera en tierra,
llevadla al nivel del mar
y dejadla en la ribera.
　Llevadla al nivel del mar
y nombradla capitana
de un blanco bajel de guerra.
　¡Oh mi voz condecorada
con la insignia marinera:
sobre el corazón un ancla
y sobre el ancla una estrella
y sobre la estrella el viento
y sobre el viento la vela!

Marinero en tierra, 1925

109

LOS ÁNGELES MUERTOS

Buscad, buscadlos:
en el insomnio de las cañerías olvidadas,
en los cauces interrumpidos por el silencio de las basu-
[ras.
No lejos de los charcos incapaces de guardar una nube,
unos ojos perdidos,
una sortija rota
o una estrella pisoteada.
Porque yo los he visto:
en esos escombros momentáneos que aparecen en las
[neblinas.
Porque yo los he tocado:
en el desierto de un ladrillo difunto,
venido a la nada desde una torre o un carro.
Nunca más allá de las chimeneas que se derrumban
ni de esas hojas tenaces que se estampan en los zapatos.
En todo esto.
Mas en esas astillas vagabundas que se consumen sin
[fuego,
en esas ausencias hundidas que sufren los muebles des-
[vencijados,
no a mucha distancia de los nombres y signos que se
[enfrían en las paredes.
Buscad, buscadlos:
debajo de la gota de cera que sepulta la palabra de un
[libro
o la firma de uno de esos rincones de cartas
que trae rodando el polvo.
Cerca del casco perdido de una botella,
de una suela extraviada en la nieve,
de una navaja de afeitar abandonada al borde de un pre-
[cipicio.

Sobre los ángeles, 1929

110

A «NIEBLA», MI PERRO

«Niebla», tú no comprendes: lo cantan tus orejas,
el tabaco inocente, tonto, de tu mirada,
los largos resplandores que por el monte dejas
al saltar, rayo tierno de brizna despeinada.
 Mira esos perros turbios, huérfanos, reservados,
que de improviso surgen de las rotas neblinas,
arrastrar en sus tímidos pasos desorientados
todo el terror reciente de su casa en ruïnas.
 A pesar de esos coches fugaces, sin cortejo,
que transportan la muerte en un cajón desnudo;
de ese niño que observa lo mismo que un festejo
la batalla en el aire, que asesinarle pudo;
 a pesar del mejor compañero perdido,
de mi más que tristísima familia que no entiende
lo que yo más quisiera que hubiera comprendido,
y a pesar del amigo que deserta y nos vende;
 «Niebla», mi camarada,
aunque tú no lo sabes, nos queda todavía,
en medio de esta heroica pena bombardeada,
la fe, que es alegría, alegría, alegría.

El poeta de la calle, 1938

111

ABRIL 1938

¿Otra vez tú, si esta venida
más que imposible me parece,
puesto que sube y reverdece
en tan tremenda sacudida?

¿Otra vez tú, tan sin medida
tu corazón, que estalla y crece,
mientras la tierra lo enriquece
de vida muerta y nueva vida?
    ¿Otra vez tú poniendo flores
sobre la tumba improvisada,
sobre el terrón de la trinchera
    y esa apariencia de colores
en esta patria desangrada?
¿Otra vez tú, la Primavera?

El poeta en la calle, 1938

112

GALOPE

Las tierras, las tierras, las tierras de España,
las grandes, las solas, desiertas llanuras.
Galopa, caballo cuatralbo,*
jinete del pueblo,
al sol y a la luna.
    ¡A galopar,
a galopar,
hasta enterrarlos en el mar!
    A corazón suenan, resuenan, resuenan,
las tierras de España en las herraduras.
Galopa, jinete del pueblo,
caballo cuatralbo,
caballo de espuma.
    ¡A galopar,
a galopar,
hasta enterrarlos en el mar!
    Nadie, nadie, nadie, que enfrente no hay nadie;
que es nadie la muerte si va en tu montura.

Galopa, caballo cuatralbo,
jinete del pueblo,
que la tierra es tuya.

   ¡A galopar,
a galopar,
hasta enterrarlos en el mar!

El poeta en la calle, 1938

113

   Se equivocó la paloma.
Se equivocaba.
   Por ir al norte, fue al sur.
Creyó que el trigo era agua.
Se equivocaba.
   Creyó que el mar era el cielo;
que la noche, la mañana.
Se equivocaba.
   Que las estrellas, rocío;
que la calor, la nevada.
Se equivocaba.
   Que tu falda era su blusa;
que tu corazón, su casa.
Se equivocaba.
   (Ella se durmió en la orilla.
Tú, en la cumbre de una rama.)

Entre el clavel y la espada, 1941

114

BALADAS Y CANCIONES DE LA QUINTA DEL MAYOR LOCO

Canción 1

   ¡Bañado del Paraná![67]
Desde un balcón mira un hombre
el viento que viene y va.

Ve las barrancas movidas
del viento que viene y va.

Los caballos, como piedras
del viento que viene y va.

Los pastos, como mar verde
del viento que viene y va.

El río, como ancha cola
del viento que viene y va.

Los barcos, como caminos
del viento que viene y va.

El hombre, como la sombra
del viento que viene y va.

El cielo, como morada
del viento que viene y va.

Ve lo que mira y mirando
ve sólo su soledad.

Baladas y canciones del Panamá, 1954

115

CANCIÓN 8

Hoy las nubes me trajeron,
volando, el mapa de España.

¡Qué pequeño sobre el río,
y qué grande sobre el pasto
la sombra que proyectaba!

Se le llenó de caballos
la sombra que proyectaba.

Yo, a caballo, por su sombra
busqué mi pueblo y mi casa.

Entré en el patio que un día
fuera una fuente con agua.

Aunque no estaba la fuente,
la fuente siempre sonaba.
Y el agua que no corría
volvió para darme agua.

Baladas y canciones del Paraná, 1954

116

LO QUE DEJÉ POR TI

> *Ah! cchi nun vede sta parte del monno*
> *Nun za nnemmanco pe cche ccosa è nnato.*
> G. G. Belli [68]

Dejé por ti bosques, mi perdida
arboleda, mis perros desvelados,
mis capitales años desterrados
hasta casi el invierno de la vida.

Dejé un temblor, dejé una sacudida,
un resplandor de fuegos no apagados,
dejé mi sombra en los desesperados
ojos sangrantes de la despedida.

Dejé palomas tristes junto a un río,
caballos sobre el sol de las arenas,
dejé de oler la mar, dejé de verte.

Dejé por ti todo lo que era mío.
Dame tú, Roma, a cambio de mis penas,
tanto como dejé para tenerte.

Roma, peligro para caminantes, 1968

LEÓN FELIPE (1884-1968)

117

ROMERO SÓLO...

Ser en la vida
romero,
romero sólo que cruza
siempre por caminos nuevos;
ser en la vida
romero,
sin más oficio, sin otro nombre
y sin pueblo...
ser en la vida
romero... romero... sólo romero.
Que no hagan callo las cosas
ni en el alma ni en el cuerpo...
pasar por todo una vez,
una vez sólo y ligero, ligero, siempre ligero.
Que no se acostumbre el pie
a pisar el mismo suelo,
ni el tablado de la farsa,[69]
ni la losa de los templos,
para que nunca recemos
como el sacristán
los rezos,
ni como el cómico*
viejo
digamos
los versos.
La mano ociosa es quien tiene
más fino el tacto en los dedos,
decía Hamlet a Horacio,
viendo
cómo cavaba una fosa

y cantaba al mismo tiempo
un sepulturero.[70]
—No
sabiendo
los oficios
los haremos
con
respeto—.
Para enterrar
a los muertos como debemos
cualquiera sirve, cualquiera...
menos un sepulturero.
Un día todos sabemos hacer justicia;
tan bien como el rey hebreo,[71]
la hizo
Sancho el escudero
y el villano
Pedro Crespo...[72]
Que no hagan callo las cosas
ni en el alma ni en el cuerpo...
pasar por todo una vez,
una vez sólo y ligero, siempre ligero.
Sensibles
a todo viento
y bajo
todos los cielos,
poetas,
nunca cantemos
la vida
de un mismo pueblo,
ni la flor
de un solo huerto...

Que sean todos
los pueblos
y todos
los huertos nuestros.

Versos y oraciones de caminante, Libro I, 1920

118

ELEGÍA

> *A la memoria de Héctor Marqués, capitán de la Marina mercante española, que murió en alta mar y lo enterraron en Nueva York.*
>
> *... tierra extranjera*
> *cayó sobre su carne aventurera.*
> José del Río Sáinz

Marineros,
¿por qué le dais a la tierra lo que no es suyo
y se lo quitáis al mar?
¿Por qué le habéis enterrado, marineros,
si era un soldado del mar?
Su frente encendida, un faro;
ojos azules, carne de yodo y de sal.
Murió allá arriba, en el puente,
con la rosa de los vientos[73] en la mano,
deshojando la estrella de navegar.
¿Por qué le habéis enterrado, marineros?
¡Y en una tierra sin conchas! ¡En la playa negra!...
　¡Allá,
en la ribera siniestra
del otro mar!
¡Nueva York!
—piedra, cemento y hierro en tempestad—.
Donde el ojo ciclópeo* del gran faro
que busca a los ahogados no puede llegar,
donde se acaban las torres y los puentes,

donde no se ve ya
la espuma altiva de los rascacielos,
en los escombros de las calles sórdidas
que rompen en el último arrabal,
donde se vuelve la culebra sombría de los «elevados»*
a meterse otra vez en la ciudad...
Allí, la arcilla opaca de los cementerios, marineros...
¡allí habéis enterrado al capitán!
¿Por qué le habéis enterrado, marineros,
por qué le habéis enterrado,
si murió como el mejor capitán
y su alma —viento, espuma y cabrilleo*—
está ahí, entre la noche y el mar?...

Versos y oraciones de caminante, Libro II, 1930

119

SÉ TODOS LOS CUENTOS

Yo no sé muchas cosas, es verdad.
Digo tan sólo lo que he visto.
Y he visto:
que la cuna del hombre la mecen con cuentos,
que los gritos de angustia del hombre los ahogan con
[cuentos,
que el llanto del hombre lo taponan con cuentos,
que los huesos del hombre los entierran con cuentos,
y que el miedo del hombre...
ha inventado todos los cuentos.
Yo sé muy pocas cosas, es verdad,
pero me han dormido con todos los cuentos...
y sé todos los cuentos.

Llamadme publicano, 1950

120

PERDÓN

¡Soy ya tan viejo.
Y se ha muerto tanta gente a la que yo he ofendido
y ya no puedo encontrarla para pedirla perdón!
Ya no puedo hacer otra cosa
que arrodillarme ante el primer mendigo
y besarle la mano.
Yo no he sido bueno...
quisiera haber sido mejor.
Estoy hecho de un barro
que no está bien cocido todavía.
¡Tenía que pedir perdón a tanta gente!
Pero todos se han muerto.
¿A quién le pido perdón ya?...
¿A ese mendigo?
¿No hay nadie más en España,
en el mundo
a quién yo deba pedirle perdón?...
Voy perdiendo la memoria
y olvidando todas las palabras...
Ya no recuerdo bien...
Voy olvidando... olvidando... olvidando...

Las palabras se me van
como palomas de un palomar desahuciado y viejo
y sólo quiero que la última paloma,
la última palabra, pegadiza y terca,
que recuerde al morir sea ésta: Perdón.

¡Oh, este viejo y roto violín!, 1965

JUAN GIL-ALBERT (1906)

121

LA HUELLA DEL ESPÍRITU

Cuando acabado este horror nos vean cómo somos,
cómo vivimos, atrincheradas masas,
pálidos hacinamientos que se agitan,
ese aspecto que acaso nos descubran tan sórdido,
por lo que fuimos, perros del momento,
una carne aplastada por palabras hirientes
ese ladrar herido que sonará en el aire,
¿qué harán con vuestro resplandor feroz
cuando sepan mañana que quisimos hablarnos
y no dejásteis sobre las bocas
más que el impacto armado de vuestros pies?

Candente horror, 1936

122

LAMENTO DE UN JOVEN ARADOR

A Ramón Gaya

Una vez, siendo niño, era el verano,
un viejo labrador me llevó un día
sobre su curvo arado en el que dueño
recorría la tierra. Fue un instante

de azarosa belleza en que allí erguido
sobre el madero arcaico, vi moverse
mi fe sobre una oscura espuma densa
que a mi paso se abría. Tras mis hombros,

el anciano velaba mi entusiasmo,
como esos genios que más tarde he visto

en un vaso pintado protegiendo
la adorable inocencia y en los lindes,

de aquella complaciente tierra negra,
bajo los centenarios olivares,
mis padres, con sombrillas, me miraban,
como dioses que aprueban. Encendidas,

como chispas de oro, las cigarras
en torno nos traían los calores
de su ventura, mientras que aquel rapto
convertíame en sueño que redime

de tantas postraciones venideras.
Sueño sin duda, sueño desolado,
que brilla en mi memoria como un ángel
que vino y me tocó y alzó su vuelo.

   Heme aquí entre el hollín de las ciudades,
la lividez, la envidia y el acento
lúgubre de una lucha despiadada,
sombra de aquel instante que destella.

Las ilusiones con los poemas del convaleciente, 1944

123

LA FIDELIDAD

VI

Quisiera tener tumba en la alta sierra
cubriéndome cual techo el cielo azul.
Y allá bajo, en la arena, refrescante,
el rumoroso mar. Unos olivos
en torno de mi piedra sin que impidan

al sol dejar sus besos sobre el nombre
de quien lo amó. Después, a ser posible,
que un festón de violetas muy oscuras
abracen, cual guardianes, esa sombra
de un mortal ya dichoso.

Poesía, 1961

124

EL PRESENTIMIENTO

Homenaje a Antonio Machado

A veces pienso el mundo se ha acabado:
desciendo por la senda de la vida
y dejo atrás el orbe luminoso`
que me encontré al llegar. Una fragancia
sígueme como un humo de recuerdos
mientras el pie se mueve inexorable
hacia la oscura orilla silenciosa.
Allí me espera un barco solitario
con sus luces ocultas: nadie, nadie,
ni un solo pasajero en los andenes,
ni una mano, un adiós, no, nada, nada.
Sólo una línea exigua de horizonte,
y opacidad, y yo, yo solo y triste
lejos de todo aquello que en su día
creí ser mío.

Homenajes e In-promptus,, 1976

MIGUEL HERNÁNDEZ (1910-1942)

125

¿No cesará este rayo que me habita
el corazón de exasperadas fieras
y de fraguas coléricas y herreras
donde el metal más fresco se marchita?

¿No cesará esta terca estalactita
de cultivar sus duras cabelleras
como espadas y rígidas hogueras
hacia mi corazón que muge y grita?

Este rayo ni cesa ni se agota:
de mí mismo tomó su procedencia
y ejercita en mí mismo sus furores.

Esta obstinada piedra de mí brota
y sobre mí dirige la insistencia
de sus lluviosos rayos destructores.

El rayo que no cesa, 1936

126

Umbrío* por la pena, casi bruno*,
porque la pena tizna* cuando estalla,
donde yo no me hallo no se halla
hombre más apenado que ninguno.

Sobre la pena duermo solo y uno,
pena es mi paz y pena mi batalla,
perro que ni me deja ni se calla,
siempre a su dueño fiel, pero importuno.

Cardos y penas llevo por corona,
cardos y penas siembran sus leopardos
y no me dejan bueno hueso alguno.

No podrá con la pena mi persona
rodeada de penas y de cardos:
¡Cuánto penar para morirse uno!

El rayo que no cesa, 1936

127

Yo sé que ver y oír a un triste enfada
cuando se viene y va de la alegría
como un mar meridiano a una bahía,
a una región esquiva* y desolada.
  Lo que he sufrido y nada todo es nada
para lo que me queda todavía
que sufrir, el rigor de esta agonía
de andar de este cuchillo a aquella espada.
  Me callaré, me apartaré si puedo
con mi constante pena instante, plena,
a donde ni has de oírme ni he de verte.
  Me voy, me voy, me voy, pero me quedo,
pero me voy, desierto y sin arena:
adiós, amor, adiós, hasta la muerte.

El rayo que no cesa, 1936

128

Como el toro he nacido para el luto
y el dolor, como el toro estoy marcado
por un hierro infernal en el costado
y por varón en la ingle con un fruto.
  Como el toro lo encuentra diminuto
todo mi corazón desmesurado,
y del rostro del beso enamorado,
como el toro a tu amor se lo disputo.

Como el toro me crezco en el castigo,
la lengua en corazón tengo bañada
y llevo al cuello un vendaval sonoro.

Como el toro te sigo y te persigo,
y dejas mi deseo en una espada,'
como el toro burlado, como el toro.

El rayo que no cesa, 1936

129

ELEGÍA

> *(En Orihuela, su pueblo y el mío, se me ha muerto como del rayo Ramón Sijé, con quien tanto quería.)*

Yo quiero ser llorando el hortelano
de la tierra que ocupas y estercolas,
compañero del alma, tan temprano.

Alimentando lluvias, caracolas
y órganos mi dolor sin instrumento,
a las desalentadas amapolas

daré tu corazón por alimento.
Tanto dolor se agrupa en mi costado,
que por doler me duele hasta el aliento.

Un manotazo duro, un golpe helado,
un hachazo invisible y homicida,
un empujón brutal te ha derribado.

No hay extensión más grande que mi herida,
lloro mi desventura y sus conjuntos
y siento más tu muerte que mi vida.

Ando sobre rastrojos de difuntos,
y sin calor de nadie y sin consuelo
voy de mi corazón a mis asuntos.

Temprano levantó la muerte el vuelo,
temprano madrugó la madrugada,
temprano estás rodando por el suelo.

No perdono a la muerte enamorada,
no perdono a la vida desatenta,
no perdono a la tierra ni a la nada.

En mis manos levanto una tormenta
de piedras, rayos y hachas estridentes
sedienta de catástrofes y hambrienta.

Quiero escabar la tierra con los dientes,
quiero apartar la tierra parte a parte
a dentelladas secas y calientes.

Quiero minar la tierra hasta encontrarte
y besarte la noble calavera
y desamordazarte y regresarte.

Volverás a mi huerto y a mi higuera:
por los altos andamios de las flores
pajareará tu alma colmenera
de angelicales ceras y labores.
Volverás al arrullo de las rejas
de los enamorados labradores.

Alegrarás la sombra de mis cejas,
y tu sangre se irá a cada lado
disputando tu novia y las abejas.

Tu corazón, ya terciopelo ajado,
llama a un campo de almendras espumosas
mi avariciosa voz de enamorado.

A las aladas almas de las rosas
del almendro de nata te requiero,
que tenemos que hablar de muchas cosas,
compañero del alma, compañero.

El rayo que no cesa, 1936

130

EL SUDOR

En el mar halla el agua su paraíso ansiado
y el sudor su horizonte, su fragor, su plumaje.
El sudor es un árbol desbordante y salado,
un voraz oleaje.

Llega desde la edad del mundo más remota
a ofrecer a la tierra su copa sacudida,
a sustentar la sed y la sal gota a gota,
a iluminar la vida.

Hijo del movimiento, primo del sol, hermano
de la lágrima, deja rodando por las eras,
del abril al octubre, del invierno al verano,
áureas* enredaderas.

Cuando los campesinos van por la madrugada
a favor de la esteva* removiendo el reposo,
se visten una blusa silenciosa y dorada
de sudor silencioso.

Vestidura de oro de los trabajadores,
adorno de las manos como de las pupilas.
Por la atmósfera esparce sus fecundos olores
una lluvia de axilas.

El sabor de la tierra se enriquece y madura:
caen los copos del llanto laborioso y oliente,
maná de los varones y de la agricultura,
bebida de mi frente.

Los que no habéis sudado jamás, los que andáis yertos
en el ocio sin brazos, sin música, sin poros,
no usaréis la corona de los poros abiertos
ni el poder de los toros.

Viviréis maloliendo, moriréis apagados:
la encendida hermosura reside en los talones
de los cuerpos que mueven sus miembros trabajados
como constelaciones.

Entregad al trabajo, compañeros, las frentes:
que el sudor, con su espada de sabrosos cristales,
con sus lentos diluvios, os hará transparentes,
venturosos, iguales.

Viento del pueblo, 1937

131

CANCIÓN DEL ESPOSO SOLDADO

He poblado tu vientre de amor y sementera,
he prolongado el eco de sangre a que respondo
y espero sobre el surco como el arado espera:
he llegado hasta el fondo.

Morena de altas torres, alta luz y ojos altos,
esposa de mi piel, gran trago de mi vida,
tus pechos locos crecen hacia mí dando saltos
de cierva concebida.

Ya me parece que eres un cristal delicado,
temo que te me rompas al más leve tropiezo,
y a reforzar tus venas con mi piel de soldado
fuera como el cerezo.

Espejo de mi carne, sustento de mis alas,
te doy vida en la muerte que me dan y no tomo.
Mujer, mujer, te quiero cercado por las balas,
ansiado por el plomo.

Sobre los ataúdes feroces en acecho,
sobre los mismos muertos sin remedio y sin fosa
te quiero y te quisiera besar con todo el pecho
hasta en el polvo, esposa.

Cuando junto a los campos de combate te piensa
mi frente que no enfría ni aplaca tu figura,
te acercas hacia mí como una boca inmensa
de hambrienta dentadura.

Escríbeme a la lucha, siénteme en la trinchera:
aquí con el fusil tu nombre evoco y fijo,
y defiendo tu vientre de pobre que me espera,
y defiendo tu hijo.

Nacerá nuestro hijo con el puño cerrado,
envuelto en un clamor de victoria y guitarras,
y dejaré a tu puerta mi vida de soldado
sin colmillos ni garras.

Es preciso matar para seguir viviendo.
Un día iré a la sombra de tu pelo lejano
y dormiré en la sábana de almidón y de estruendo
cosida por tu mano.

Tus piernas implacables al parto van derechas,
y tu implacable boca de labios indomables,
y ante mi soledad de explosiones y brechas
recorres un camino de besos implacables.

Para el hijo será la paz que estoy forjando.
Y al fin en un océano de irremediables huesos,
tu corazón y el mío naufragarán, quedando
una mujer y un hombre gastados por los besos.

Viento del pueblo, 1937

132

CANCION ÚLTIMA

Pintada, no vacía:
pintada está mi casa
del color de las grandes
pasiones y desgracias.

Regresará del llanto
adonde fue llevada
con su desierta mesa,
con su ruinosa cama.

Florecerán los besos
sobre las almohadas.
   Y en torno de los cuerpos
elevará la sábana
su intensa enredadera
nocturna, perfumada.
   El odio se amortigua
detrás de la ventana.
Será la garra suave.
Dejadme la esperanza.

El hombre acecha, 1939

133

   Llegó con tres heridas:
la del amor,
la de la muerte,
la de la vida.
   Con tres heridas viene:
la de la vida,
la del amor,
la de la muerte.
   Con tres heridas yo:
la de la vida,
la de la muerte,
la del amor.

Cancionero y romancero de ausencias (1938-1941), 1958

134

NANAS DE LA CEBOLLA

> *(Dedicadas a su hijo, a raíz de recibir una carta de su mujer en la que le decía que no comía más que pan y cebolla)*

La cebolla es escarcha*
cerrada y pobre.
Escarcha de tus días
y de mis noches.
Hambre y cebolla,
hielo negro y escarcha
grande y redonda.

En la cuna del hambre
mi niño estaba.
Con sangre de cebolla
se amamantaba.
Pero tu sangre,
escarchada de azúcar,
cebolla y hambre.

Una mujer morena
resuelta en luna
se derrama hilo a hilo
sobre la cuna.
Ríete, niño,
que te traigo la luna
cuando es preciso.

Alondra de mi casa,
ríete mucho.
Es tu risa en tus ojos
la luz del mundo.
Ríete tanto
que mi alma al oírte
bata* el espacio.

Tu risa me hace libre,
me pone alas.
Soledades me quita,
cárcel me arranca.
Boca que vuela,
corazón que en tus labios
relampaguea.

   Es tu risa la espada
más victoriosa,
vencedor de las flores
y las alondras.
Rival del sol.
Porvenir de mis huesos
y de mi amor.

   La carne aleteante*,
súbito* el párpado,
el vivir como nunca
coloreado.
¡Cuánto jilguero
se remonta, aletea,
desde tu cuerpo!

   Desperté de ser niño:
nunca despiertes.
Triste llevo la boca:
ríete siempre.
Siempre en la cuna,
defendiendo la risa
pluma por pluma.

   Ser de vuelo tan alto,
tan extendido,
que tu carne es el cielo
recién nacido.
¡Si yo pudiera
remontarme al origen
de tu carrera!

Al octavo mes ríes
con cinco azahares*.
Con cinco diminutas
ferocidades.
Con cinco dientes
como cinco jazmines
adolescentes.

Frontera de los besos
serán mañana,
cuando en la dentadura
sientas un arma.
Sientas un fuego
correr dientes abajo
buscando el centro.

Vuela niño en la doble
luna del pecho:
él, triste de cebolla,
tú, satisfecho.
No te derrumbes.
No sepas lo que pasa
ni lo que ocurre.

Cancionero y romancero de ausencias (1928-1941), 1958

135

ETERNA SOMBRA

Yo que creí que la luz era mía
precipitado en la sombra me veo.
Ascua solar, sideral* alegría
ígnea* de espuma, de luz, de deseo.

Sangre ligera, redonda, granada:
raudo anhelar sin perfil ni penumbra.
Fuera, la luz en la luz sepultada.
Siento que sólo la sombra me alumbra.

    Sólo la sombra. Sin astro. Sin cielo.
Seres. Volúmenes. Cuerpos tangibles
dentro del aire que no tiene vuelo,
dentro del árbol de los imposibles.
    Cárdenos* ceños*, pasiones de luto.
Dientes sedientos de ser colorados.
Oscuridad del rencor absoluto.
Cuerpos lo mismo que pozos cegados.
    Falta el espacio. Se ha hundido la risa.
Ya no es posible lanzarse a la altura.
El corazón quiere ser más de prisa
fuerza que ensancha la estrecha negrura.
    Carne sin norte que va en oleada
hacia la noche siniestra, baldía*.
¿Quién es el rayo de sol que la invada?
Busco. No encuentro ni rastro del día.
    Sólo el fulgor de los puños cerrados,
el resplandor de los dientes que acechan.
Dientes y puños de todos los lados.
Más que las manos, los montes se estrechan.
    Turbia es la lucha sin sed de mañana.
¡Qué lejanía de opacos latidos!
Soy una cárcel con una ventana
ante una gran soledad de rugidos.
    Soy una abierta ventana que escucha,
por donde ver tenebrosa la vida.
Pero hay un rayo de sol en la lucha
que siempre deja la sombra vencida.

Poemas últimos (1941-1942)

LEOPOLDO PANERO (1909-1962)

136
A MIS HERMANAS

Estamos siempre solos. Cae el viento
entre los encinares y la vega.
A nuestro corazón el ruido llega
del campo silencioso y polvoriento.
 Alguien cuenta, sin voz, el viejo cuento
de nuestra infancia, y nuestra sombra juega
trágicamente a la gallina ciega;
y una mano nos coge el pensamiento.
 Ángel, Ricardo, Juan, abuelo, abuela,
nos tocan levemente, y sin palabras
nos hablan, nos tropiezan, les tocamos.
 ¡Estamos siempre solos, siempre en vela,
esperando, Señor, a que nos abras
los ojos para ver, mientras jugamos!

Escrito a cada instante, 1949

137
HIJO MÍO

A Juan Luis

Desde mi vieja orilla, desde la fe que siento,
hacia la luz primera que torna el alma pura,
voy contigo, hijo mío, por el camino lento
de este amor que me crece como mansa locura.
 Voy contigo, hijo mío, frenesí soñoliento
de mi carne, palabra de mi callada hondura,
música que alguien pulsa no sé dónde, en el viento,
no sé dónde, hijo mío, desde mi orilla oscura.

Voy, me llevas, se torna crédula* mi mirada,
me empujas levemente (ya casi siento el frío);
me invitas a la sombra que se hunde a mi pisada,
    me arrastras de la mano... Y en tu ignorancia fío*,
y a tu amor me abandono sin que me quede nada,
terriblemente solo, no sé dónde, hijo mío.

Escrito a cada instante, 1949

138
POR DONDE VAN LAS ÁGUILAS

Una luz vehemente y oscura, de tormenta,
flota sobre las cumbres del alto Guadarrama,
por donde van las águilas. La tarde baja, lenta,
por los senderos verdes, calientes de retama*.
    Entre las piedras brilla la lumbre soñolienta
del sol oculto y frío. La luz, de rama en rama,
como el vuelo de un pájaro, tras la sombra se ahuyenta.
Bruscamente, el silencio crece como una llama.
    Tengo miedo. Levanto los ojos. Dios azota
mi corazón. El vaho* de la nieve se enfría
lo mismo que un recuerdo. Sobre los montes flota
    la paz, y el alma sueña su propia lejanía.
Una luz vehemente desde mi sueño brota
hacia el amor. La tarde duerme a mis pies, sombría.

Escrito a cada instante, 1949

139
EPITAFIO

Ha muerto
acribillado por los besos de sus hijos,
absuelto por los ojos más dulcemente azules
y con el corazón más tranquilo que otros días,

el poeta Leopoldo Panero
que nació en la ciudad de Astorga,
y maduró su vida bajo el silencio de una encina.
Que amó mucho,
bebió mucho y ahora
vendados sus ojos,
espera la resurrección de la carne
aquí, bajo esta piedra.

Poemas póstumos

LUIS ROSALES (1910-1992)

140
CANCIÓN QUE NUNCA PONE EL PIE EN EL SUELO

La nieve está hablando.
                      Hoy
se ha vuelto loca:
                Parece
que llama con los nudillos
de puerta en puerta.
                      Va y viene.
No sé quién la está escribiendo
pero en el aire se lee.
Miradla bien:
                cuando llega
junto al suelo, se detiene;
no toca en la tierra: llama,
parece llamar.
Parece.

Retablo de Navidad, 1940

141
LA ÚLTIMA LUZ

Eres de cielo hacia la tarde, tienes
ya dorada la luz en las pupilas,
como un poco de nieve atardeciendo
que sabe que atardece.
                      Y yo querría
cegar del corazón, cegar de verte
cayendo hacia ti misma
como la tarde cae, como la noche
ciega la luz del bosque en que camina

de copa en copa cada vez más alta,
hasta la rama isleña, sonreída
por el último sol,
                    ¡y sé que avanzas
porque avanza la noche! y que iluminas
tres hojas solas en el bosque,
                    y pienso
que la sombra te hará clara y distinta,
que todo el sol del mundo en ti descansa,
en ti, la retrasada, la encendida
rama del corazón en la que aún tiembla
la luz sin sol donde se cumple el día.

Rimas, 1951

142

LO QUE NO SE RECUERDA

Para volver a ser dichosos era
solamente preciso el puro acierto
de recordar... Buscábamos
dentro del corazón nuestro recuerdo.
Quizá no tiene historia la alegría.
Mirándonos adentro
callábamos los dos. Tus ojos eran
como un rebaño quieto
que agrupa su temblor bajo la sombra
del álamo... El silencio
pudo más que el esfuerzo. Atardecía,
para siempre en el cielo.
No pudimos volver a recordarlo.
La brisa era en el mar un niño ciego.

Rimas, 1951

DIONISIO RIDRUEJO (1912-1975)

143

España toda aquí, lejana y mía,
habitando, soñada y verdadera,
la duda y fe del alma pasajera,
alba toda y también toda agonía.

Hermosa sí, bajo la luz sin día
que me la entrega al mar sola y entera:
campo de la serena primavera
que recata su flor dulce y tardía.

España grave, quieta en la esperanza,
hecha del tiempo y de mi tiempo, España,
tierra fiel de mi vida y de mi muerte.

Esta sangre eres tú y esta pujanza
de amor que se impacienta y acompaña
la fe y la duda de volver a verte.

Cuadernos de Rusia, 1944

144

Ya solo en mi corazón
desiertamente he quedado;
el alma es como una nieve
extendida sobre el campo,
la tierra desaparece,
el cielo niega el espacio,
las cosas que me rodean
rechazan la luz del hábito*.
¿De qué me sirven los ojos?
¿De qué el aroma sin rastro?
¿De qué la voz sin el nombre
que se despoja del labio?

El tiempo de mi esperanza
es como tiempo pasado.
Ya solo en mi corazón
desiertamente he quedado.

En la soledad del tiempo, 1944

145
POESÍA DE LEOPOLDO PANERO

Leías tú, la fuerte luz campaba
deshaciendo el granito de la sierra
y un parque, abajo, con olor de tierra
húmeda, dulcemente nos cansaba.
Leías. Como a un tiempo que pasaba
venían a la voz otros rumores
de campo y río, otras montañas, flores
de estaciones de ayer. Y ayer hablaba.
Tuyo o mío el ayer; niños que juegan
juntos de pronto, hombres que se hallan
en la fe o el amor y resonando
—Unamuno, Machado— mientras ciegan
allí a la luz de Junio, y mientras callan
y todo es cierto y Dios lo va mirando.

Convivencias (1941-1958)

JOSÉ GARCÍA NIETO (1914-2000)

146

 Tan hombre soy que siento por mi pecho
ríos de un corazón precipitado
que avanza rumoroso y desbordado,
cuantos más años tiene, más derecho.
 Baja a mis pulsos, súbito, en acecho,
y hasta mi lengua sube enamorado;
vive para mi voz y su cuidado,
se ahoga entre los llantos que cosecho.
 Tan hombre soy que por vivir daría
lo que tengo, que es vida solamente,
barro que sólo en barro se sustenta.
 Y un día llegará la muerte, un día
se llenará de sombras esta frente
que es sólo carne y carne la alimenta.

Poesía, 1944

JOSE MARÍA VALVERDE (1926-1996)

147
ELEGÍA DE MI NIÑEZ

Aquí está mi infantil fotografía
clavándome mis ojos, más profundos que nunca,
con una vaga cosa
posada entre las manos, distraídas y leves.
Es el banco de piedra
—los pies lejos del suelo todavía—
del parque de mis sueños infantiles
donde el sol era amigo
y la arena tomaba
tacto de conocida madre vieja.

... Guardo la imagen turbia
de un niño que, de pronto, se distrae
en medio de los juegos
y al ocaso se queda pensativo
escuchando el rumor lejano de las calles...

El mundo iba naciendo poco a poco
para mí solamente.
La tierra era una alegre manzana de merienda,
un balón de colores no esperado.
Los pájaros cantaban porque yo estaba oyéndoles,
los árboles nacían cuando abría los ojos.

Y los miedos, después...
Todo podía ser en lo oscuro del cuarto.
Al fondo del pasillo
latía todo el negro de este mundo,
todas las vagas fuerzas enemigas,
todas las negaciones...

¡Ay alma de mi infancia!
Sólo vivo del todo cuando vuelvo a ser niño.
¿Qué otra revelación mayor que aquélla
del mundo y de la vida entre las manos?
(... cuando todas las cosas eran como palabras...)
¿Qué ensueño como aquél
de presentir desde el umbral del alma
los días esperándome?

¡Oh Señor, aquel niño que yo era
quiere pedirte, muerto,
que le dejes vivir en mi presente un poco!
Que siga en mí, Dios mío —como tú nos decías—,
y viviré del todo,
y sentiré la vida plenamente,
y tú serás mi asombro virgen cada mañana...

Hombre de Dios, 1945

148
SALMO DE LAS ROSAS

Oh rosas, fieles rosas de mi jardín en mayo:
ya venís, como siempre, a reposar mi angustia
con vuestro testimonio de que Dios no me olvida.
Hubo un tiempo en que yo creí perdido todo.
Pero vuestra constancia no se enteró siquiera
y seguísteis viniendo a acariciar mi frente
y a decirme que el mundo seguía estando intacto.
Surgís difícilmente lentas, de dentro a fuera
como torres de nubes que, imitando dragones,
se alzan en el ocaso, saliendo de sí mismas;
o como un sentimiento, tan nuestro y tan profundo,
que al subirlo a la boca va espeso del esfuerzo,
arrastrando en su parto los más hondos aromas.
¿Qué decís, qué decís, bocas de Dios infantes?

¡Cuánto trabajo os cuesta pronunciar la palabra
oliente y no etendida! Os morís, fatigadas
cuando acaba, al decirla, vuestro oficio en la tierra.
   Vuestra belleza es eso: morir, pasar al vuelo.
Vuestro aroma es la muerte. Y por eso enloquece.
Mas ¡qué importa morir cuando se ha sido, y tanto!
Yo os doy la eternidad que os quitaba el ser bellas.
Os tengo en mi recuerdo lo mismo que en un libro,
evocándome mayos, muchachas y ciudades,
al hallaros de pronto, cuando paso las hojas.
   Voy contando mis años por relevos de rosas.
De rosas repetidas, de eternidad de rosas
que me animan, diciéndome que el Señor sigue en pie.

Hombre de Dios, 1945

DÁMASO ALONSO (1898-1990)

149
SOLO

Como perro sin amo, que no tiene
huella ni olfato, y yerra
por los caminos...[74]
                                    Antonio Machado

Hiéreme. Sienta
mi carne tu caricia destructora.

Desde la entraña se eleva mi grito,
y no me respondías. Soledad
absoluta. Solo. Solo.

Sí, yo he visto estos canes errabundos,
allá en las cercas últimas,
jadeantes huir a prima noche,
y esquivar las cabañas
y el sonoro redil, donde mastines
más dichosos, no ignoran
ni el duro pan ni el palo del pastor.

Pero ellos huyen,
hozando por las secas torrenteras,
venteando luceros, y si buscan
junto a un tocón* del quejigal* yacija*,
pronto otra vez se yerguen:
se yerguen y avizoran la hondonada
de las sombras, y huyen
bajo la indiferencia de los astros,
entre los cierzos finos.

Oh, sí, yo tengo miedo
a la absoluta soledad.
Miedo a tu soledad. Sienta tu garra,

tu beso de furor. Lo necesito
como un perro el castigo de su amo.
Mira:
soy hombre, y estoy solo.

Oscura noticia, 1944

150

INSOMNIO

Madrid es una ciudad de más de un millón de cadáveres
 (según las últimas estadísticas).
A veces en la noche yo me revuelvo y me incorporo en
 este nicho en el que hace cuarenta y cinco años
 [que me pudro,
y paso largas horas oyendo gemir al huracán, o ladrar los
 perros, o fluir blandamente la luz de la luna.
Y paso largas horas gimiendo como el huracán, ladrando
 como un perro enfurecido, fluyendo como la leche
 de la ubre caliente de una gran vaca amarilla.
Y paso largas horas preguntándole a Dios, preguntándole
 por qué se pudre lentamente mi alma,
por qué se pudren más de un millón de cadáveres en esta
 ciudad de Madrid,
por qué mil millones de cadáveres se pudren lentamente
 en el mundo.
Dime, ¿qué huerto quieres abonar con nuestra podredumbre?
¿Temes que se te sequen los grandes rosales del día,
las tristes azucenas letales* de tus noches?

Hijos de la ira[75], 1944

151
MONSTRUOS

Todos los días rezo esta oración
al levantarme:
Oh Dios
no me atormentes más.
Dime qué significan
estos espantos que me rodean.
Cercado estoy de monstruos
que mudamente me preguntan,
igual, igual que yo les interrogo a ellos.
Que tal vez te preguntan,
lo mismo que yo en vano perturbo
el silencio de tu invariable noche
con mi desgarradora interrogación.
Bajo la penumbra de las estrellas
y bajo la terrible tiniebla de la luz solar,
me acechan ojos enemigos,
formas grotescas me vigilan,
colores hirientes lazos me estan tendiendo:
¡son monstruos,
estoy cercado de monstruos!
  No me devoran.
Devoran mi reposo anhelado,
me hacen ser una angustia que se desarrolla a sí misma,
me hacen hombre,
monstruo entre monstruos.
  No, ninguno tan horrible
como este Dámaso frenético,
como este amarillo ciempiés que hacia ti clama con
            [todos sus tentáculos enloquecidos,
como esta bestia inmediata
transfundida en una angustia fluyente;
no, ninguno tan monstruoso
como esta alimaña que brama hacia ti,

como esta desgarrada incógnita
que ahora te increpa con gemidos articulados,
que ahora te dice:
«Oh Dios,
no me atormentes más,
dime qué significan
estos monstruos que me rodean
y este espanto íntimo que hacia ti gime en la noche».

Hijos de la ira, 1944

EUGENIO DE NORA (1923)

152
LAMENTO

¡Seguid, seguid ese camino,
hermanos;
y a mí dejadme aquí
gritando!
¡Dejadme aquí! Sobre esta tierra seca,
mordido por el viento áspero
—campanario de Dios
frente al derrumbe rojo del ocaso—.
¡Dejadme aquí! Quiero gritar,
tan hondo en el dolor, tan alto,
que mi voz no se oiga sino lejos, muy lejos,
libertada del tiempo y del espacio.
¡Dejadme aquí! Dejadme aquí,
gritando...

Cantos al destino, 1945

153
PATRIA

La tierra, yo la tengo sobre la sangre escrita.
Un día fue alegre y bella como un cielo encantado
para mi alma de niño. Oh tierra sin pecado,
sobre cuyo silencio sólo la paz gravita*.

Pero la tierra es honda. La tierra necesita
un bautismo de muertos que la hayan adorado
o maldecido, que hayan en ella descansado
como sólo ellos pueden: haciéndola bendita.

Fui despertado a tiros de la infancia más pura
por hombres que en España se daban a la muerte.

Aquí y allá, por ella. ¡Mordí la tierra, dura,
   y sentí sangre viva, cálida, sangre humana!
Hijo fui de una patria. Hombre perdido: fuerte
para luchar ahora, para morir, mañana.

España, pasión de vida, 1954

154
PAÍS

País rico en sol; en sangre
vertida y seca al sol, para que adorne
(dicen ellos) la enseña*; país rico
en olivos, naranjas, monjas, cobre,
panderetas y vinos; mucho espíritu
y bastante ganado.
País rico en tradiciones
sacrosantas, Historia y grandes muertos.
País rico en ricos.
             Sólo el pueblo
pobre.
País desde luego antiguo.
                 Milenario
o más. No sólo en piedras y en nombres
 igualmente gastado, sino en usos,
costumbres, feudos y sobre todo en devociones
in me mo ria les.
             País viejo,
padrastro ya inmisericorde,
con delirios (ay, de grandeza, dicen),
manías y rencores
de viejo loco.
             Sólo el pueblo
joven.

Angulares (1955-1964)

JOSÉ LUIS HIDALGO (1919-1947)

155
SI SUPIERA, SEÑOR...

Si supiera, Señor, que Tú me esperas,
en el borde implacable de la muerte,
iría hacia tu luz, como una lanza
que atraviesa la noche y nunca vuelve.
  Pero sé que no estás, que el vivir sólo
es soñar con tu ser, inútilmente,
y sé que cuando muera es que Tú mismo
será lo que habrá muerto con mi muerte.

Los muertos, 1947

156
HAS BAJADO

Has bajado a la tierra, cuando nadie te oía,
y has mirado a los vivos y contado tus muertos.
Señor, duerme sereno; ya cumpliste tu día.
Puedes cerrar los ojos que tenías abiertos.

Los muertos, 1947

157
TE BUSCO

Déjame que, tendido en esta noche,
avance, como un río entre la niebla,
hasta llegar a Ti, Dios de los hombres,
donde las almas de los muertos velan.
  Los cuerpos de los tristes que cayeron,
helados y terribles, me rodean;

como muros, encauzan mis orillas,
pero tengo desiertas mis riberas.

    Yo no sé dónde estás, pero te busco;
en la noche te busco, y mi alma sueña.
Por los que ya no están, sé que Tú existes
y por ellos mis aguas te desean.

    Y sé que, como un mar, a todos bañas;
que las almas de todos Tú reflejas
y que a Ti llegaré cuando mis aguas
den al mar de tus aguas verdaderas.

Los muertos, 1947

158
NACIMIENTO

    Ha llegado la noche para todos:
yo reclino mi frente en esta piedra,
donde los siglos, ciegamente, pasan,
mientras fulgen, arriba, las estrellas.

    Entre duros peñascos, me arregazan*
los brazos maternales de la tierra.
Soy un hombre desnudo. Hoy he nacido,
como una larga luz, en su corteza.

    Ni me muero, ni sueño. Abro los ojos
y, extendiendo mis manos verdaderas,
toco el origen de mi ser humano,
el vientre elemental que me naciera.

    Y, en la frente, la roca, su llamada,
la vida en destrucción que, ardiendo, espera
la voz de Dios que, sobre el mundo, clama
y se rompe, temblando, en las estrellas.

Los muertos, 1947

ÁNGELA FIGUERA (1902-1984)

159
MUJERES DEL MERCADO

Son de cal y salmuera*. Viejas ya desde siempre.
Armadura oxidada con relleno de escombros.
Tienen duros los ojos como fría cellisca*.
Los cabellos marchitos como hierba pisada.
Y un vinagre maligno les recorre las venas.
　Van temprano a la compra. Huronean* los puestos.
Casi escarban. Eligen los tomates chafados.
Las naranjas mohosas. Maceradas verduras
que ya huelen a estiércol. Compran sangre cocida
en cilindros oscuros como quesos de lodo
y esos bofes* que muestran, sonrosados y túmidos*,
una oscura apariencia.
　Al pagar, un suspiro les separa los labios
explorando morosas en el vientre mugriento
de un enorme y raído monedero sin asas,
con un miedo feroz a topar de improviso
en su fondo la última cochambrosa moneda.
　Siempre llevan un hijo, todo greñas y mocos,
que les cuelga y arrastra de la falda pringosa
chupeteando una monda de manzana o de plátano.
Lo manejan a gritos, a empellones. Se alejan
maltratando el esparto de la sucia alpargata.
　Van a un patio con moscas, con chiquillos y perros.
Con vecinas que riñen. A un fogón pestilente.
A un barreño de ropa por lavar. A un marido
con olor a aguardiente y a sudor y a colilla.
Que mastica en silencio. Que blasfema y escupe.
Que tal vez por la noche, en la fétida alcoba,
sin caricias ni halagos, con brutal impaciencia
de animal instintivo, les castigue la entraña
con el peso agobiante de otro mísero fruto.
Otro largo cansancio.

Oh no. Yo no pretendo pedir explicaciones.
Pero hay cielos tan puros. Existe la belleza.

El grito inútil, 1952

160
SÓLO ANTE EL HOMBRE

Sí, yo me inclinaría
ante el definitivo contorno de los lirios.
Sí, yo me extasiaría
con el trino del pájaro.
Sí, yo dilataría
mis ojos ante el mar y la montaña.
Sí, yo suspendería
el soplo de mi pecho ante un arcángel.
Sí, yo me inclinaría
ante la faz de Dios, tocando el polvo,
si con su mano convocara el trueno.
Pero sólo ante el hombre, hijo del hombre,
reo de origen, ciego, maniatado,
los pies clavados y la espalda herida,
sucio de llanto y de sudor, impuro,
comiéndose, gastándose, pecando
setenta veces siete cada día,
sólo ante el hombre me comprendo y mido
mi altura por su altura y reconozco
su sangre por mis venas y le entrego
mi vaso de esperanza, y le bendigo,
y junto a él me pongo y le acompaño.

Belleza cruel, 1958

161
LIBERTAD

Crecieron así seres de manos atadas
Empédocles [76]

A tiros nos dijeron: cruz y raya.
En cruz estamos. Raya. Tachadura.
Borrón y cárcel nueva. Punto en boca.
  Si observas la conducta conveniente,
podrás decir palabras permitidas:
invierno, luz, hispanidad, sombrero.
(Si se te cae la lengua de vergüenza,
te cuelgas un cartel que diga «mudo»,
tiendes la mano y juntas calderilla.)
  Si calzas los zapatos según norma,
también podrás cruzar a la otra acera
buscando el sol o un techo que te abrigue.
  Pagando tus impuestos puntualmente,
podrás ir al taller o a la oficina,
quemarte las pestañas y las uñas,
partirte el pecho y alcanzar la gloria.
  También tendrás honestas diversiones.
El paso de un entierro, una película
de las debidamente autorizadas,
fútbol del bueno, un vaso de cerveza,
bonitas emisiones en la radio
y misa por la tarde los domingos.
  Pero no pienses «libertad», no digas,
no escribas «libertad», nunca consientas
que se te asome al blanco de los ojos,
ni exhale su olorcillo por tus ropas,
ni se te prenda a un rizo del cabello.
  Y, sobre todo, amigo, al acostarte,
no escondas «libertad» bajo tu almohada
por ver si sueñas con mejores días.

No sea que una noche te incorpores
sonambulando «libertad», y olvides,
y salgas a gritarla por las calles,
descerrajando puertas y ventanas,
matando los serenos y los gatos,
rompiendo los faroles y las fuentes,
y el sueño de los justos, porque entonces,
punto final, hermano, y Dios te ayude.

Belleza cruel, 1958

162
EN TIERRA ESCRIBO

Si, por amar la tierra, pierdo el cielo,
si no logro completa mi estatura
ni pongo el corazón a más altura
por no perder contacto con el suelo;
    si no dejo a mis alas tomar vuelo
para escalar mi pozo de amargura
y olvido el resplandor de la hermosura
para vestir el luto de mi duelo,
    es porque soy de tierra: en tierra escribo
y al hombre-tierra canto, que, cautivo
de su vivir-morir, se pudre y quema.
    Mi reino es de este mundo. Mi poesía
toca la tierra y tierra será un día.
No importa. Cada loco con su tema.

Toco la tierra. Letanías, 1962

GABRIEL CELAYA (1911-1991)

163
LA POESÍA ES UN ARMA CARGADA DE FUTURO

Cuando ya nada se espera personalmente exaltante,
mas se palpita y se sigue más acá de la conciencia,
fieramente existiendo, ciegamente afirmando,
como un pulso que golpea las tinieblas,
 cuando se miran de frente
los vertiginosos ojos claros de la muerte,
se dicen las verdades:
las bárbaras, terribles, amorosas crueldades.

 Se dicen los poemas
que ensanchan los pulmones de cuantos, asfixiados,
piden ser, piden ritmo,
piden ley para aquello que sienten excesivo.

 Con la velocidad del instinto,
con el rayo del prodigio,
como mágica evidencia, lo real se nos convierte
en lo idéntico a sí mismo.

 Poesía para el pobre, poesía necesaria
como el pan de cada día,
como el aire que exigimos trece veces por minuto,
para ser y en tanto somos dar un sí que glorifica.

 Porque vivimos a golpes, porque apenas si nos dejan
decir que somos quien somos,
nuestros cantares no pueden ser sin pecado un adorno.
Estamos tocando el fondo.

 Maldigo la poesía concebida como un lujo
cultural por los neutrales
que, lavándose las manos, se desentienden y evaden.
Maldigo la poesía de quien no toma partido hasta man-
charse.

 Hago mías las faltas. Siento en mí a cuantos sufren
y canto respirando.

Canto y canto, y cantando más allá de mis penas
personales, me ensancho.

Quisiera daros vida, provocar nuevos actos,
y calculo por eso con técnica, qué puedo.
Me siento un ingeniero del verso y un obrero
que trabaja con otros a España en sus aceros.

Tal es mi poesía: poesía-herramienta
a la vez que latido de lo unánime y ciego.
Tal es, arma cargada de futuro expansivo
con que te apunto al pecho.

No es una poesía gota a gota pensada.
No es un bello producto. No es un fruto perfecto.
Es algo como el aire que todos respiramos
y es el canto que espacia cuanto dentro llevamos.

Son palabras que todos repetimos sintiendo
como nuestras, y vuelan. Son más que lo mentado.
Son lo más necesario: lo que no tiene nombre.
Son gritos en el cielo, y en la tierra, son actos.

Cantos iberos, 1955

164
ESPAÑA EN MARCHA

Nosotros somos quien somos.
¡Basta de historia y de cuentos!
¡Allá los muertos! Que entierren como Dios manda a sus
[muertos.

Ni vivimos del pasado,
ni damos cuerda al recuerdo.
Somos, turbia y fresca, un agua que atropella sus
[comienzos.

Somos el ser que se crece.
Somos un río derecho.
Somos el golpe temible de un corazón no resuelto.

Somos bárbaros, sencillos.
Somos a muerte lo ibero
que aún nunca logró mostrarse puro, entero y verdadero.

De cuanto fue nos nutrimos,
transformándonos crecemos
y así somos quienes somos golpe a golpe y muerto a
[muerto.

¡A la calle! que ya es hora
de pasearnos a cuerpo
y mostrar que, pues vivimos, anunciamos algo nuevo.

No reniego de mi origen
pero digo que seremos
mucho más que lo sabido, los factores de un comienzo.

Españoles con futuro
y españoles que, por serlo,
aunque encarnan lo pasado no pueden darlo por bueno.

Recuerdo nuestros errores
con mala saña y buen viento.
Ira y luz, padre de España, vuelvo a arrancarte del
[sueño.

Vuelvo a decirte quién eres.
Vuelvo a pensarte, suspenso.
Vuelvo a luchar como importa y a empezar por lo que
[empiezo.

No quiero justificarte
como haría un leguleyo.
Quisiera ser un poeta y escribir tu primer verso.

España mía, combate
que atormentas mis adentros,
para salvarme y salvarte, con amor te deletreo.

Cantos iberos, 1955

165
EN LA LUZ ABIERTA

Con los ojos limpios
veo la nueva primavera,
la mañana absuelta.
Con los ojos lavados de pensamientos,
la alegría es otra vez lo que comienza
sin ideas,
la locura feliz, lo que se estrena.

Allí está el mar. Mira el mar.
Los pinos tiemblan
aquí, que no, que sí.
La brisa me envuelve, vuela mi camisa
y un frescor me anima.

Con los ojos cerrados
pienso en mis queridos amigos muertos
que no viven esta dicha.
Con los ojos abiertos
mi sonrisa riza la melancolía.

Buenos días, buenas noches, 1976

BLAS DE OTERO (1916-1979)

166
HOMBRE

Luchando, cuerpo a cuerpo, con la muerte,
al borde del abismo, estoy clamando
a Dios. Y su silencio, retumbando,
ahoga mi voz en el vacío inerte.

Oh Dios. Si he de morir, quiero tenerte
despierto. Y, noche a noche, no sé cuándo
oirás mi voz. Oh Dios. Estoy hablando
solo. Arañando sombras para verte.

Alzo la mano, y tú me la cercenas*.
Abro los ojos: me los sajas* vivos.
Sed tengo, y sal se vuelven tus arenas.

Esto es ser hombre: horror a manos llenas.
Ser —y no ser— eternos, fugitivos.
¡Ángel con grandes alas de cadenas!

Ángel fieramente humano, 1950

167
CANTO PRIMERO

Definitivamente, cantaré para el hombre.
Algún día —*después*—, alguna noche,
me oirán. Hoy van —vamos— sin rumbo,
sordos de sed, famélicos* de oscuro.

Yo os traigo un alba, hermanos. Surto* un agua,
eterna no, parada ante la casa.
Salid a ver. Venid, bebed. Dejadme
que os unja* de agua y luz, bajo la carne.

De golpe, han muerto veintitrés millones
de cuerpos. Sobre Dios saltan de golpe
—sorda, sola trinchera de la muerte—
con el alma en la mano, entre los dientes

el ansia. Sin saber por qué, mataban;
muerte son, sólo muerte. Entre alambradas
de infinito, sin sangre. Son hermanos
nuestros. Vengadlos, sin piedad, vengadlos!

    Solo está el hombre. ¿Es esto lo que os hace
gemir? Oh si supiéseis que es bastante.
Si supiéseis bastaros, ensamblaros*.
Si supiérais ser hombres, sólo humanos.

    ¿Os da miedo, verdad? Sé que es más cómodo
esperar que Otro —¿quién?— cualquiera, Otro,
os ayude a ser. Soy. Luego es bastante
ser, si procuro ser quien soy. ¡Quién sabe

    si hay más! En cambio, hay menos: sois sentinas*
de hipocresía. ¡Oh, sed, salid al día!
No sigáis siendo bestias disfrazadas
de ansia de Dios. Con ser hombres os basta.

Ángel fieramente humano, 1950

168
CRECIDA

CON la sangre hasta la cintura, algunas veces
con la sangre hasta el borde de la boca,
voy
avanzando
lentamente, con la sangre hasta el borde de los labios
algunas veces,
voy
avanzando sobre este viejo suelo, sobre
la tierra hundida en sangre,
voy
avanzando lentamente, hundiendo los brazos
en sangre,
algunas
veces tragando sangre,
voy sobre Europa
como en la proa de un barco desmantelado

que hace sangre,
voy
mirando, algunas veces,
al cielo
bajo,
que refleja
la luz de la sangre roja derramada,
avanzo
muy
penosamente, hundiendo los brazos en espesa
sangre,
es
como una esperma* roja represada,
mis pies
pisan sangre de hombres vivos
muertos,
cortados de repente, heridos súbitos,
niños
con el pequeño corazón volcado, voy
sumido en sangre
salida,
algunas veces
sube hasta los ojos y no me deja ver,
no
veo más que sangre,
siempre
sangre,
sobre Europa no hay más que
sangre.

Traigo una rosa en sangre entre las manos
ensangrentadas. Porque es que no hay más
que sangre,

y una horrorosa sed
dando gritos en medio de la sangre.

Ángel fieramente humano, 1950

169
DÉJAME

Me haces daño, Señor. Quita tu mano
de encima. Déjame con mi vacío,
déjame. Para abismo, con el mío
tengo bastante. Oh Dios, si eres humano,
    compadécete ya, quita esa mano
de encima. No me sirve. Me da frío
y miedo. Si eres Dios, yo soy tan mío
como tú. Y a soberbio, yo te gano.
    Déjame. ¡Si pudiese yo matarte,
como haces tú, como haces tú! Nos coges
con las dos manos, nos ahogas. Matas
    no se sabe por qué. Quiero cortarte
las manos. Esas manos que son trojes*
del hambre, y de los hombres que arrebatas.

Redoble de conciencia, 1951

170
GRITANDO NO MORIR

¡Quiero vivir, vivir, vivir! La llama
de mi cuerpo, furiosa y obstinada,
salte, Señor, contra tu cielo, airada
lanza de luz. En el costado, brama
    la sangre, y por las venas se derrama
como un viento de mar o de enramada:
tras tu llamada se hace llamarada,
oh Dios, y el pecho, desolado, clama.
    Vivir. Saber que soy piedra encendida,
tierra de Dios, sombra fatal ardida,
cantil*, con un abismo y otro, en medio:

y yo de pie, tenaz, brazos abiertos,
gritando no morir. Porque los muertos
se mueren, se acabó, ya no hay remedio.

Redoble de conciencia, 1951

171
UN RELÁMPAGO APENAS

Besas como si fueses a comerme.
Besas besos de mar, a dentelladas.
Las manos en mis sienes y abismadas
nuestras miradas. Yo, sin lucha, inerme,
    me declaro vencido, si vencerme
es ver en ti mis manos maniatadas.
Besas besos de Dios. A bocanadas
bebes mi vida. Sorbes, sin dolerme,
    tiras de mi raíz, subes mi muerte
a flor de labio. Y luego, mimadora,
la brizas* y la rozas con tu beso.
    Oh Dios, oh Dios, oh Dios, si para verte
bastara un beso, un beso que se llora
después, porque ¡oh, por qué! no basta eso.

Redoble de conciencia, 1951

172
A LA INMENSA MAYORÍA

Aquí tenéis, en canto y alma, al hombre
aquel que amó, vivió, murió por dentro
y un buen día bajo a la calle: entonces
comprendió: y rompió todos sus versos.
   Así es, así fue. Salió una noche
echando espuma por los ojos, ebrio
de amor, huyendo sin saber adónde:
a donde el aire no apestase a muerto.

Tiendas de paz, brizados pabellones,[77]
eran sus brazos, como llama al viento;
olas de sangre contra el pecho, enormes
olas de odio, ved, por todo el cuerpo.
    ¡Aquí! ¡Llegad! ¡Ay! Ángeles atroces
en vuelo horizontal cruzan el cielo;
horribles peces de metal recorren
las espaldas del mar, de puerto a puerto.
    Yo doy todos mis versos por un hombre
en paz. Aquí tenéis, en carne y hueso,
mi última voluntad. Bilbao, a once
de abril, cincuenta y uno.
                    Blas de Otero.

Pido la paz y la palabra, 1955

173
EN EL PRINCIPIO

Si he perdido la vida, el tiempo, todo
lo que tiré, como un anillo, al agua,
si he perdido la voz en la maleza,
me queda la palabra.
    Si he sufrido la sed, el hambre, todo
lo que era mío y resultó ser nada,
si he segado las sombras en silencio,
me queda la palabra.
    Si abrí los labios para ver el rostro
puro y terrible de mi patria,
si abrí los labios hasta desgarrármelos,
me queda la palabra.

Pido la paz y la palabra, 1955

174
FIDELIDAD

Creo en el hombre. He visto
espaldas astilladas a trallazos,
almas cegadas avanzando a brincos
(españas a caballo
del dolor y del hambre). Y he creído.
Creo en la paz. He visto
altas estrellas, llameantes ámbitos
amanecientes, incendiando ríos
hondos, caudal humano
hacia otra luz: he visto y he creído.
Creo en ti, patria. Digo
lo que he visto: relámpagos
de rabia, amor en frío y un cuchillo
chillando, haciéndose pedazos
de pan: aunque hoy hay sólo sombra, he visto
y he creído.

Pido la paz y la palabra, 1955

175
CENSORIA [78]

Se durmió en la cocina como un trapo.
No le alcanzaba el jornal ni para morirse,
se dejó caer en la banqueta como un trapo
y se escurrió por el sueño, sin olvidar...
 Usualmente, paren los humildes esas niñas escrofulosas *
que portan únicamente una sayita deshilachada sobre
 los huesos.
¡Salid corriendo a verlas, hipócritas!
¡Escribid al cielo lo que aquí pasa!
¡Sobornad a vuestros monitores para admirar esto!
Españolitos helándose
al sol —no exactamente el de justicia.

Voy a protestar, estoy protestando hace mucho tiempo;
me duele tanto el dolor, que a veces
pego saltos en mitad de la calle,
y no he de callar por más que con el dedo
me persignen la frente, y los labios y el verso.

En castellano, 1960

GLORIA FUERTES (1918-1998)

176

LABRADOR

Labrador,
ya eres más de la tierra que del pueblo.
Cuando pasas, tu espalda huele a campo,
ya barruntas la lluvia y te esponjas,
ya eres casi de barro.
De tanto arar, ya tienes dos raíces
debajo de tus pies heridos y anchos.
    Madrugas, labrador, y dejas tierra
de huella sobre el sitio de tu cama,
a tu mujer le duele la cintura
por la tierra que dejas derramada.
Labrador, tienes tierra en los oídos,
entre las uñas tierra, en las entrañas;
labrador tienes chepa bajo el hombro
y es tierra acumulada,
te vas hacia la tierra siendo tierra
los terrones te tiran de la barba.
    Ya no quiere que siembres más semillas,
que quiere que te siembres y te vayas,
que el hijo te releve en la tarea;
ya estás mimetizado con la parva,
estás hecho ya polvo con el polvo
de la trilla y la tralla.
    Te has ganado la tierra con la tierra
no quiere verte viejo en la labranza,
te abre los brazos bella por el surco
échate en ella, labrador, descansa.

Todo asusta, 1958

177
YA VES QUÉ TONTERÍA

Ya ves que tontería,
me gusta escribir tu nombre,
llenar papeles con tu nombre,
llenar el aire con tu nombre;
decir a los niños tu nombre
escribir a mi padre muerto
y contarle que te llamas así.
Me creo que siempre que lo digo me oyes.
Me creo que da buena suerte:
Voy por las calles tan contenta
y no llevo encima nada más que tu nombre.

Todo asusta, 1958

178
SALE CARO SER POETA

Sale caro, señores, ser poeta.
La gente va y se acuesta tan tranquila
—que después del trabajo da buen sueño—.
Trabajo como esclavo llego a casa,
me siento ante la mesa sin cocina,
me pongo a meditar lo que sucede.
La duda me acribilla todo espanta;
comienzo a ser comida por las sombras
las horas se me pasan sin bostezo
el dormir se me asusta se me huye
—escribiendo me da la madrugada—.
Y luego los amigos me organizan recitales,
a los que acudo y leo como tonta,
y la gente no sabe de esto nada.
Que me dejo la linfa en lo que escribo,

me caigo de la rama de la rima
asalto las trincheras de la angustia
me nombran su héroe los fantasmas,
me cuesta respirar cuando termino.
Sale caro señores ser poeta.

Poeta de guardia, 1968

RAFAEL MORALES (1919)

179
A UN ESQUELETO DE MUCHACHA

Homenaje a Lope de Vega[79]

En esta frente, Dios, en esta frente
hubo un clamor de sangre rumorosa,
y aquí, en esta oquedad, se abrió la rosa
de una fugaz mejilla adolescente.

Aquí el pecho sutil dio su naciente
gracia de flor incierta y venturosa,
y aquí surgió la mano, deliciosa
primicia de este brazo inexistente.

Aquí el cuello de garza sostenía
la alada soledad de la cabeza,
y aquí el cabello undoso se vertía.

Y aquí en redonda y cálida pereza,
el cauce de la pierna se extendía
para hallar por el pie la ligereza.

El corazón y la tierra, 1946

180
SONETO PARA MI ÚLTIMA CHAQUETA

Esta tibia chaqueta rumorosa
que mi cuerpo recoge entre su lana,
se quedará colgada una mañana,
se quedará vacía y silenciosa.

Su delicada tela perezosa
cobijará una sombra fría y vana,
cobijará una ausencia, una lejana
memoria de la vida presurosa.

Conmigo no vendrá, que habré partido,
y entre su mansa lana entretejida
tan sólo dejaré mi propio olvido.

   Donde alentara la gozosa vida
no alentará ni el más pequeño ruido,
sólo una helada sombra dolorida.

Canción sobre el asfalto, 1954

181
CÁNTICO DOLOROSO AL CUBO DE LA BASURA

   Tu curva humilde, forma silenciosa,
le pone un triste anillo a la basura.
En ti se hizo redonda la ternura,
se hizo redonda, suave y dolorosa.

   Cada cosa que encierras, cada cosa
tuvo esplendor, acaso hasta hermosura.
Aquí de una naranja se aventura
la herida piel que en el olvido posa.

   Aquí de una manzana verde y fría
un resto llora zumo delicado
entre un polvo que nubla su agonía.

   Oh, viejo cubo sucio y resignado,
desde tu corazón la pena envía
el llanto de lo humilde y lo olvidado.

Canción sobre el asfalto, 1954

JOSÉ HIERRO (1922)

182
CABALLERO DE OTOÑO

Viene, se sienta entre nosotros,
y nadie sabe quién será,
ni por qué, cuando dice nubes,
nos llenamos de eternidad.

Nos habla con palabras graves
y se desprenden, al hablar,
de su cabeza, secas hojas
que en el viento vienen y van.

Jugamos con su barba fría.
Nos deja frutos. Torna a andar
con pasos lentos y seguros
como si no tuviera edad.

El se despide. ¡Adiós! Nosotros
sentimos ganas de llorar.

Tierra sin nosotros, 1947

183
DESTINO ALEGRE

Nos han abandonado en medio del camino.
Entre la luz íbamos ciegos.
Somos aves de paso, nubes altas de estío,
vagabundos eternos.
Mala gente que pasa[80] cantando por los campos.
Aunque el camino es áspero y son duros los tiempos,
cantamos con el alma. Y no hay un hombre solo
que comprenda la viva razón del canto nuestro.

Vivimos y morimos muertes y vidas de otros.
Sobre nuestras espaldas pesan mucho los muertos.

Su hondo grito nos pide que muramos un poco,
como murieron todos ellos,
que vivamos de prisa, quemando locamente
la vida que ellos no vivieron.
    Ríos furiosos, ríos turbios, ríos veloces.
(Pero nadie nos mide lo hondo, sino lo estrecho).
Mordemos las orillas, derribamos los puentes.
Dicen que vamos ciegos.
    Pero vivimos. Llevan nuestras aguas la esencia
de las muertes y vidas de vivos y de muertos.
Ya veis si es bien alegre saber a ciencia cierta
que hemos nacido para esto.

Tierra sin nosotros, 1947

184
FE DE VIDA

    Sé que el invierno está aquí,
detrás de esa puerta. Sé
que si ahora saliese fuera
lo hallaría todo muerto,
luchando por renacer.
Sé que si busco una rama
no la encontraré.
Sé que si busco una mano
que me salve del olvido
no la encontraré.
Sé que si busco al que fui
no lo encontraré.
    Pero estoy aquí. Me muevo,
vivo. Me llamo José
Hierro. Alegría. (Alegría
que está caída a mis pies.)
Nada en orden. Todo roto,
a punto de ya no ser.

Pero toco la alegría,
porque aunque todo esté muerto
yo aún estoy vivo y lo sé.

Alegría, 1947

185
LAS NUBES

Inútilmente interrogas.
Tus ojos miran al cielo.
Buscas, detrás de las nubes,
huellas que se llevó el viento.

Buscas las manos calientes,
los rostros de los que fueron,
el círculo donde yerran
tocando sus instrumentos.

Nubes que eran ritmo, canto
sin final y sin comienzo,
campanas de espumas pálidas
volteando su secreto,

palmas de mármol, criaturas
girando al compás del tiempo,
imitándole a la vida
su perpetuo movimiento.

Inútilmente interrogas
desde tus párpados ciegos,
¿Qué haces mirando a las nubes,
José Hierro?

Cuanto sé de mí, 1957

186
NIÑO

Rey de un trigal, de un río, de una viña:
así habrá de soñarse. Y libre. Dueño
de sí, hoguera perpetua en que arda el leño
de la verdad. Y que el amor lo ciña.

Querrá subir hasta que el cielo tiña
de claridad el bronce de su sueño.
Pero no hay alas. Se herirá en su empeño,
y llorará sobre su frente niña.

Y sabrá la verdad. Morirá el canto
en su garganta, roja del espanto
que oye y que mira y gusta y toca y huele.

Y estrenará su corazón rasgado
de hombre acosado, de hombre acorralado,
de ejecutado en cuanto se rebele.

Cuanto sé de mí, 1957

ÁNGEL GONZÁLEZ (1922)

187
OTRO TIEMPO VENDRÁ DISTINTO A ÉSTE...

Otro tiempo vendrá distinto a éste.
Y alguien dirá:
«Hablaste mal. Debiste haber contado
otras historias:
violines estirándose indolentes
en una noche densa de perfumes,
bellas palabras calificativas
para expresar amor ilimitado,
amor al fin sobre las cosas
todas.»
Pero hoy,
cuando es la luz del alba
como la espuma sucia
de un día anticipadamente inútil,
estoy aquí,
insomne, fatigado, velando
mis armas derrotadas,
y canto
todo lo que perdí: por lo que muero.

Sin esperanza, con convencimiento, 1961

188
EL DERROTADO [81]

Atrás quedaron los escombros:
humeantes pedazos de tu casa,
veranos incendiados, sangre seca
sobre la que se ceba —último buitre—
el viento.

    Tú emprendes viaje hacia adelante, hacia
el tiempo bien llamado porvenir.
Porque ninguna tierra
posees,
porque ninguna patria
es ni será jamás la tuya,
porque en ningún país
puede arraigar tu corazón deshabitado.
    Nunca —y es tan sencillo—
podrás abrir una cancela
y decir, nada más: «buen día,
madre».
Aunque efectivamente el día sea bueno,
haya trigo en las eras
y los árboles
extiendan hacia ti sus fatigadas
ramas, ofreciéndote
frutos o sombra para que descanses.

Sin esperanzas, con convencimiento, 1961

189
PORVENIR

Te llaman porvenir
porque no vienes nunca.
Te llaman: porvenir,
y esperan que tú llegues
como un animal manso
a comer en su mano.
Pero tú permaneces
más allá de las horas,
agazapado no se sabe dónde.
... Mañana!
        Y mañana será otro día tranquilo
un día como hoy, jueves o martes,

cualquier cosa y no eso
que esperamos aún, todavía, siempre.

Sin esperanza, con convencimiento, 1961

190
ELEGIDO POR ACLAMACIÓN

Sí, fue un malentendido.
                    Gritaron: ¡a las urnas!
y él entendió: ¡a las armas! —dijo luego.
Era pundonoroso y mató mucho.
Con pistolas, con rifles, con decretos.

Cuando envainó la espada dijo, dice:
La democracia es lo perfecto.
El público aplaudió. Sólo callaron,
impasibles, los muertos.

El deseo popular será cumplido.
A partir de esta hora soy —silencio—
el Jefe, si queréis. Los disconformes
que levanten el dedo.

Inmóvil mayoría de cadáveres
le dio el mando total del cementerio.

Grado elemental, 1962

191
INVENTARIO DE LUGARES PROPICIOS AL AMOR

Son pocos.
La primavera está muy prestigiada, pero
es mejor el verano.
Y también esas grietas que el otoño
forma al interceder con los domingos
en algunas ciudades
ya de por sí amarillas como plátanos.

El invierno elimina muchos sitios:
quicios de puertas orientadas al Norte,
orillas de los ríos,
bancos públicos.
Los contrafuertes exteriores
de las viejas iglesias
dejan a veces huecos
utilizables aunque caiga nieve.
Pero desengañémonos: las bajas
temperaturas y los vientos húmedos
lo dificultan todo.
Las ordenanzas, además, proscriben
la caricia (con exenciones
para determinadas zonas epidérmicas
`—sin interés alguno—
en niños, perros y otros animales)
y el «no tocar, peligro de ignominia»
puede leerse en miles de miradas.
¿Adónde huir, entonces?
Por todas partes ojos bizcos,
córneas torturadas,
implacables pupilas,
retinas reticentes,
vigilan, desconfían, amenazan.
Queda quizá el recurso de andar solo,
de vaciar el alma de ternura
y llenarla de hastío e indiferencia,
en este tiempo hostil, propicio al odio.

Tratado de urbanismo, 1967

192
EL DÍA SE HA IDO

Ahora andará por otras tierras,
llevando lejos luces y esperanzas,
aventando bandadas de pájaros remotos,
y rumores, y voces, y campanas,
—ruidoso perro que menea la cola
y ladra ante las puertas entornadas.

(Entretanto, la noche, como un gato
sigiloso, entró por la ventana,
vio unos restos de luz pálida y fría,
y se bebió la última taza.)

Sí;
    definitivamente el día se ha ido.
Mucho no se llevó (no trajo nada);
sólo un poco de tiempo entre los dientes,
un menguado rebaño de luces fatigadas.
Tampoco lo lloréis. Puntual e inquieto,
sin duda alguna, volverá mañana.
Ahuyentará a ese gato negro.
Ladrará hasta sacarme de la cama.

Pero no será igual. Será otro día.

Será otro perro de la misma raza.

Prosemas o menos, 1985

JOSÉ AGUSTÍN GOYTISOLO (1928-1999)

193
LA GUERRA

De pronto, el aire
se abatió, encendido,
cayó como una espada
sobre la tierra. ¡Oh, sí,
recuerdo los clamores!
    Entre el muro y la sangre,
miré los muros
de la patria mía[82],
como ciego miré
por todas partes,
buscando un pecho,
una palabra, algo,
donde esconder el llanto.
    Y encontré sólo muerte,
ruina y muerte
bajo el cielo vacío

Claridad, 1961

194
PALABRAS PARA JULIA [83]

Tú no puedes volver atrás
porque la vida ya te empuja
como un aullido interminable.
    Hija mía es mejor vivir
con la alegría de los hombres
que llorar ante el muro ciego.

Te sentirás acorralada
te sentirás perdida o sola
tal vez querrás no haber nacido.

Yo sé muy bien que te dirán
que la vida no tiene objeto
que es un asunto desgraciado.

Entonces siempre acuérdate
de lo que un día yo escribí
pensando en ti como ahora pienso.

Un hombre solo una mujer
así tomados de uno en uno
son como polvo no son nada.

Pero yo cuando te hablo a ti
cuando te escribo estas palabras
pienso también en otros hombres.

Tu destino está en los demás
tu futuro es tu propia vida
tu dignidad es la de todos.

Otros esperan que resistas
que les ayude tu alegría
tu canción entre sus canciones.

Entonces siempre acuérdate
de lo que un día yo escribí
pensando en ti como ahora pienso.

Nunca te entregues ni te apartes
junto al camino nunca digas
no puedo más y aquí me quedo.

La vida es bella tú verás
como a pesar de los pesares
tendrás amor tendrás amigos.

Por lo demás no hay elección
y este mundo tal como es
será todo tu patrimonio.

Perdóname no sé decirte
nada más pero tú comprende
que yo aún estoy en el camino.

Y siempre acuérdate
de lo que un día yo escribí
pensando en tí como ahora pienso.

Bajo tolerancia, 1973

195
ASÍ SON

Su profesión se sabe es muy antigua
y ha perdurado hasta ahora sin variar
a través de los siglos y civilizaciones.

No conocen vergüenza ni reposo
se emperran en su oficio a pesar de las críticas
unas veces cantando
otras sufriendo el odio y la persecución
mas casi siempre bajo tolerancia.

Platón no les dio sitio en su República.

Creen en el amor
a pesar de sus muchas corrupciones y vicios
suelen mitificar bastante la niñez
y poseen medallones o retratos
que miran en silencio cuando se ponen tristes.

Ah curiosas personas que en ocasiones yacen
en lechos lujosísimos y enormes
pero que no desdeñan revolcarse
en los sucios jergones de la concupiscencia
sólo por un capricho.

Le piden a la vida más de lo que ésta ofrece.

Difícilmente llegan a reunir dinero
la previsión no es su característica
y se van marchitando poco a poco

de un modo algo ridículo
si antes no les dan muerte por quién sabe qué cosas.

Así son pues los poetas
las viejas prostitutas de la Historia.

Bajo tolerancia, 1973

196
75 GOWER STREET

Allí en el viejo país
de los campos de lúpulo
entre la multitud acicalada y huera
te imaginé mi tierra
alegre altiva
maravillosa como el agua libre.

Odié el fulgor del oro
su poder y su gloria escupí
en el centro de todos los relojes
abominé como un palurdo el aire
que aquéllos respiraban.

  Y pensando
en tus gentes en tu sol gastado
en las diversidades de tus hablas
soy me decía
del lugar más hermoso de la tierra

Taller de arquitectura, 1977

197

Con el otoño las hojas
se van como algunos pájaros:
fíjate en los cerezos
y en los álamos.

Pardas o grises las hojas
se esconden como los pájaros:
fíjate en los jardines
y sembrados.

Con el otoño las hojas
se escapan hacia otros campos:
blancas o rojas revuelan
como los pájaros.

Los pasos del cazador, 1980

198
SUS HORAS SON ENGAÑO

Triste es el territorio de la ausencia.

Sus horas son engaño
      desfiguran
ruidos olores y contornos
y en sus fronteras deben entenderse
las cosas al revés.

    Así el sonido
del timbre de la entrada significa
que no vas a llegar
      una luz olvidada
en el piso de arriba es símbolo de muerte
de vacío en tu estancia
      rumor de pasos
cuentan que te fuiste
      y el olor a violetas
declara el abandono del jardín.

Y en ese mundo ¿qué debí hacer yo
príncipe derrotado
      rey mendigo

sino forzar mis ojos para que retuvieran
aquel inexpresable color miel
suave y cambiante de tus cabellos?

Final de un adiós, 1984

199
ES COMO EL ECO

Si golpeas la puerta de una casa vacía
el muro te responde.

Si señalas el rastro de una perdiz herida
el perro te la trae.

Pero si hablas con alguien que no existe
tu voz es como el eco
perdiéndose en los montes.

Final de un adiós, 1984

200
NINGUN OTRO DAÑO

Días en blanco y horas
sin paz. La sombra y sus campanas.

¿Dónde está el álbum de fotografías?
¿Qué se hizo de mis libros?

Sueña otra vez. Te ocultas e imaginas
que nadie va a saber tu paradero.

Al despertar dirás: melancolía
no hay ningún otro daño que pueda comparársete.

Final de un adiós, 1984

JAIME GIL DE BIEDMA (1929-1990)

201
INFANCIA Y CONFESIONES

Cuando yo era más joven
(bueno, en realidad, será mejor decir
muy joven)
       algunos años antes
de conoceros y
recién llegado a la ciudad,
a menudo pensaba en la vida.
              Mi familia
era bastante rica y yo estudiante.
Mi infancia eran recuerdos de una casa [84]
con escuela y despensa y llave en el ropero,
de cuando las familias
acomodadas,
         como su nombre indica,
veraneaban infinitamente
en *Villa Estefanía* o en *La Torre
del Mirador*
         y más allá continuaba el mundo
con senderos de grava y cenadores
rústicos, decorado de hortensias pomposas,
todo ligeramente egoísta y caduco.
Yo nací (perdonadme)
en la edad de la pérgola* y el tenis.

La vida, sin embargo, tenía extraños límites
y lo que es más extraño: una cierta tendencia
retráctil.
       Se contaban historias penosas,
inexplicables sucedidos
dónde no se sabía, caras tristes,
sótanos fríos como templos.

                Algo sordo
perduraba a lo lejos
y era posible, lo decían en casa,
quedarse ciego de un escalofrío.
    De mi pequeño reino afortunado
me quedó esta costumbre de calor
y una imposible propensión al mito.

Compañeros de viaje, 1959

202
POR LO VISTO

    Por lo visto es posible declararse hombre.
Por lo visto es posible decir no.
De una vez y en la calle, de una vez, por todos
y por todas las veces en que no pudimos.
    Importa por lo visto el hecho de estar vivo.
Importa por lo visto que hasta la injusta fuerza
necesite, suponga nuestras vidas, esos actos mínimos
a diario cumplidos en la calle por todos.
    Y será preciso no olvidar la lección:
saber, a cada instante, que en el gesto que hacemos
hay un arma escondida, saber que estamos vivos
aún. Y que la vida
todavía es posible, por lo visto.

Compañeros de viaje, 1959

203
APOLOGÍA Y PETICIÓN

    Y qué decir de nuestra madre España,
este país de todos los demonios
en donde el mal gobierno, la pobreza
no son, sin más, pobreza y mal gobierno

sino un estado místico del hombre,
la absolución final de nuestra historia?

De todas las historias de la Historia
sin duda la más triste es la de España,
porque termina mal. Como si el hombre,
harto ya de luchar con sus demonios,
decidiese encargarles el gobierno
y la administración de su pobreza.

Nuestra famosa inmemorial pobreza,
cuyo origen se pierde en las historias
que dicen que no es culpa del gobierno
sino terrible maldición de España,
triste precio pagado a los demonios
con hambre y con trabajo de sus hombres.

A menudo he pensado en esos hombres,
a menudo he pensado en la pobreza
de este país de todos los demonios.
Y a menudo he pensado en otra historia
distinta y menos simple, en otra España
en donde sí que importa un mal gobierno.

Quiero creer que nuestro mal gobierno
es un vulgar negocio de los hombres
y no una metafísica, que España
debe y puede salir de la pobreza,
que es tiempo aún para cambiar su historia
antes que se la lleven los demonios.

Porque quiero creer que no hay demonios.
Son hombres los que pagan al gobierno,
los empresarios de la falsa historia,
son hombres quienes han vendido al hombre,
y secuestrado la salud de España.

Pido que España expulse a esos demonios.
Que la pobreza suba hasta el gobierno.
Que sea el hombre el dueño de su historia.

Moralidades, 1966

204
AÑOS TRIUNFALES

> *... y la más hermosa sonríe al más fiero de los vencedores.*[85]
>
> Rubén Darío

Media España ocupaba España entera
con la vulgaridad, con el desprecio
total de que es capaz, frente al vencido,
un intratable pueblo de cabreros.

Barcelona y Madrid eran algo humillado.
Como una casa sucia, donde la gente es vieja,
la ciudad parecía más oscura
y los Metros olían a miseria.

Con luz de atardecer, sobresaltada y triste,
se salía a las calles de un invierno
poblado de infelices gabardinas
a la deriva, bajo el viento.

Y pasaban figuras mal vestidas
de mujeres, cruzando como sombras,
solitarias mujeres adiestradas
—viudas, hijas o esposas—

en los modos peores de ganar la vida
y suplir a sus hombres. Por la noche,
las más hermosas sonreían
a los más insolentes de los vencedores.

Moralidades, 1966

205
CONTRA JAIME GIL DE BIEDMA

De qué sirve, quisiera yo saber, cambiar de piso,
dejar atrás un sótano más negro
que mi reputación —y ya es decir—,

poner visillos blancos
y tomar criada,
renunciar a la vida de bohemio,
si vienes luego tú, pelmazo,
embarazoso huésped, memo vestido con mis trajes,
zángano de colmena, inútil, cacaseno*,
con tus manos lavadas,
a comer en mi plato y a ensuciar la casa?

Te acompañan las barras de los bares
últimos de la noche, los chulos, las floristas,
las calles muertas de la madrugada
y los ascensores de luz amarilla
cuando llegas, borracho,
y te paras a verte en el espejo
la cara destruida,
con ojos todavía violentos
que no quieres cerrar. Y si te increpo,
te ríes, me recuerdas el pasado
y dices que envejezco.

Podría recordarte que ya no tienes gracia.
Que tu estilo casual y que tu desenfado
resultan truculentos
cuando se tienen más de treinta años,
y que tu encantadora
sonrisa de muchacho soñoliento
—seguro de gustar— es un resto penoso,
un intento patético.
Mientras que tú me miras con tus ojos
de verdadero huérfano, y me lloras
y me prometes ya no hacerlo.

Si no fueses tan puta!
Y si yo no supiese, hace ya tiempo,
que tú eres fuerte cuando yo soy débil
y que eres débil cuando me enfurezco...

De tus regresos guardo una impresión confusa
de pánico, de pena y descontento,
y la desesperanza
y la impaciencia y el resentimiento
de volver a sufrir, otra vez más,
la humillación imperdonable
de la excesiva intimidad.

A duras penas te llevaré a la cama,
como quien va al infierno
para dormir contigo.
Muriendo a cada paso de impotencia,
tropezando con muebles
a tientas, cruzaremos el piso
torpemente abrazados, vacilando
de alcohol y de sollozos reprimidos.
Oh innoble servidumbre de amar seres humanos,
y la más innoble
que es amarse a sí mismo!

Poemas póstumos, 1968

206
DEL AÑO MALO

    Diciembre es esta imagen
de la lluvia cayendo con rumor de tren,
con un olor difuso a carbonilla y campo.
Diciembre es un jardín, es una plaza
hundida en la ciudad,
al final de una noche,
y la visión en fuga de unos soportales.
    Y los ojos inmensos
—tizones agrandados—
en la cara morena de una cría
temblando igual que un gorrión mojado.

En la mano sostiene unos zapatos rojos,
elegantes, flamantes como un pájaro exótico.
   El cielo es negro y gris
y rosa en sus extremos,
la luz de las farolas un resto amarillento.
Bajo un golpe de lluvia, llorando, yo atravieso,
innoble como un trapo, mojado hasta los cuernos.

Poemas póstumos, 1968

207
NO VOLVERÉ A SER JOVEN

   Que la vida iba en serio
uno lo empieza a comprender más tarde
—como todos los jóvenes, yo vine
a llevarme la vida por delante.
   Dejar huella quería
y marcharme entre aplausos
—envejecer, morir, eran tan sólo
las dimensiones del teatro.
   Pero ha pasado el tiempo
y la verdad desagradable asoma:
envejecer, morir,
es el único argumento de la obra.

Poemas póstumos, 1968

208
DE VITA BEATA [86]

En un viejo país ineficiente,
algo así como España entre dos guerras
civiles, en un pueblo junto al mar,
poseer una casa y poca hacienda

y memoria ninguna. No leer,
no sufrir, no escribir, no pagar cuentas,
y vivir como un noble arruinado
entre las ruinas de mi inteligencia.

Poemas póstumos, 1968

JOSÉ ÁNGEL VALENTE (1929-2000)

209
EL ADIÓS

Entró y se inclinó hasta besarla
porque de ella recibía la fuerza.

(La mujer lo miraba sin respuesta.)

Había un espejo humedecido
que imitaba la vida vagamente.
Se apretó la corbata,
el corazón,
sorbió un café desvanecido y turbio,
explicó sus proyectos
para hoy,
sus sueños para ayer y sus deseos
para nunca jamás.

(Ella lo contemplaba silenciosa.)

Habló de nuevo. Recordó la lucha
de tantos días y el amor
pasado. La vida es algo inesperado,
dijo. (Más frágiles que nunca las palabras.)
Al fin calló con el silencio de ella,
se acercó hasta sus labios
y lloró simplemente sobre aquellos
labios ya para siempre sin respuesta.

A modo de esperanza, 1955

210
CAE LA NOCHE

Cae la noche.
          El corazón desciende
infinitos peldaños,
enormes galerías,
hasta encontrar la pena.
Allí descansa, yace,
allí, vencido,
yace su propio ser.
          El hombre puede
cargarlo a sus espaldas
para ascender de nuevo
hacia la luz penosa-
mente: puede caminar para siempre,
caminar...
          ¡Tú que puedes,
danos nuestra resurrección de cada día!

Poemas a Lázaro, 1960

211
ESTA IMAGEN DE TI

  Estabas a mi lado
y más próxima a mí que mis sentidos.

Hablabas desde dentro del amor,
armada de su luz.
          Nunca palabras
de amor más puras respirara.
Estaba tu cabeza suavemente
inclinada hacia mí.
          Tu largo pelo
y tu alegre cintura.
Hablabas desde el centro del amor,
armada de su luz,
  en una tarde gris de cualquier día.

Memoria de tu voz y de tu cuerpo
mi juventud y mis palabras sean
y esta imagen de ti me sobreviva.

La memoria y los signos, 1966

212
TIEMPO DE GUERRA

Estábamos, señores, en provincias
o en la periferia, como dicen,
incomprensiblemente desnacidos.

Señores escleróticos*,
ancianas tías lúgubres*,
guardias municipales y banderas.
Los niños con globitos colorados,
pantalones azules
y viernes sacrosantos
de piadoso susurro.

Andábamos con nuestros
papás.
        Pasaban trenes
cargados de soldados a la guerra.
Gritos de excomunión.
                  Escapularios.
Enormes moros, asombrosos moros
llenos de pantalones y de dientes.
Y aquel vertiginoso
color del tío vivo y de los víctores.

Estábamos remotos
chupando caramelos,
con tantas estampitas y retratos
y tanto ir y venir y tanta cólera,
tanta predicación y tantos muertos
y tanta sorda infancia irremediable.

La memoria y los signos, 1966

213
XIV (Biografía)

Ahora cuando escribo sin certeza
mi bionotabibliográfica
a petición de alguien que desea incluirme
de favor y por nada
en consabida antología
de la sempiternamente joven senescente
poesía española de posguerra

*(de qué guerra me habla esta mañana,
delicado Giocondo, entre tenues olvidos,
de la guerra de quién con quién
y cuándo)*
        cuando escribo
mi bioesquelonotabibliográfica
compruebo minucioso la fecha de mi muerte
y escasa es, digo con gentil tristeza,
la ya marchita gloria del difunto.

Treinta y siete fragmentos, incluido
en *Punto cero*, 1972

214
Cincuentenario

En mi cincuenta aniversario,
solo o mientras se oía
el piano de Thelonius Monk mojado por la lluvia,
tuve dolor costal y fuertes calenturas,
coloqué como pude un pétalo en el ojo
izquierdo,
saqué brillo al derecho y fuerzas de miseria
y en posición marcial saludé a las modestas
señales del futuro.

Mandorla, 1982

215
XXX

Venías, ave, corazón, de vuelo,
venías por los líquidos más altos
donde duermen la luz y las salivas
en la penumbra azul de tu garganta.

Ibas, que voy
de vuelo, apártalos, volando
a ras de los albores más tempranos.

Sentirte así venir como la sangre,
de golpe, ave, corazón, sentirme,
sentirte al fin llegar, entrar, entrarme,
ligera como luz, alborearme.

El Fulgor, 1984

216

Se daban
las condiciones perfectas para morir.

De lo más próximo nacía
lacerante la ausencia.

Tendida estaba entre los dos la muerte
como animal tardío de ojos grandes
y anegadas ternuras, madre,
ciega madre inmortal.

Mi rostro era su máscara,
mi voz su voz.

No hay llanto en las perdidas alamedas.

Postreros pájaros borrados
en la declinación oscura de la luz.

Al dios del lugar, 1989

FRANCISCO BRINES (1932)

217

El visitante me abrazó, de nuevo
era la juventud que regresaba,
y se sentó conmigo. Un cansancio
venía de su boca, sus cabellos
traían polvo del camino, débil
luz en los ojos. Se contaba a sí mismo
las tristes cosas de su vida, casi
se repetía en él mi pobre vida.
Arropado en las sombras lo miraba.
La tarde abandonó la sala quieta
cuando partió. Me dije que fue grato
vivir con él (la juventud ya lejos),
que era una fiesta de alegría. Solo
volví a quedar cuando dejó la casa.

Vela el sillón la luna, y en la sala
se ven brillar los astros. Es un hombre
cansado de esperar, que tiene viejo
su torpe corazón, y que a los ojos
no le suben las lágrimas que siente.

Las brasas, 1960

218
¿CON QUIÉN HARÉ EL AMOR?

En este vaso de ginebra bebo
los tapiados minutos de la noche,
la aridez de la música, y el ácido
deseo de la carne. Sólo existe,
donde el hielo se ausenta, cristalino
licor y miedo de la soledad.

Esta noche no habrá la mercenaria*
compañía, ni gestos de aparente
calor en un tibio deseo. Lejos
está mi casa hoy, llegaré a ella
en la desierta luz de madrugada,
desnudaré mi cuerpo, y en las sombras
he de yacer con el estéril tiempo.

Aún no, 1971

219
EL TESTIGO

   Como en los tiempos del colegio me hablas
del infierno y el cielo; mis oídos
sólo recogen, en susurro, el miedo
de tu voz ya cascada. No te importa
la vida, como entonces, aspirante
de eternidad. No escucho tus palabras
de buen devocionario*, repetidas
desde negras tarimas: atestiguan
un desierto desván y un viento árido.
   Viene el aire del mar, la primavera
arde sobre las rosas, las palomas
agitan el azul con alas delicadas.
Bebamos de este vino, y olvidemos
el ultraje de los años robados;
tú fuiste un casto atleta, y era yo
un iluso: creía que la vida
fuese eterna. Bien sé que ya no es cierto:
perdí la eternidad, y tú la vida.

Aún no, 1971

220
LAS NOCHES DEL ABANDONO

> *y así tristes noches velo y cuento,*
> *mas no puedo contar lo que más siento.*
> Luisa Sigea

En las horas de amortiguada luz, y música,
en las alegres noches de nuestra juventud,
velamos hasta que el alba llega,
y en el humo se quedan las palabras
que la sombra golpea,
las palabras borradas que fueron nuestra vida.
  Hace tiempo que callo,
y son tristes las noches de nuestra juventud,
y el alba llega muerta.
Rodeado de frío vuelvo a la hostil ciudad,
y el clandestino amor me despide furtivo
desde las rotas sombras de los descampados,
y el día se alza lívido*
como si sólo un muerto lo hubiese de habitar.
  Con el recuerdo sólo de tu vida, porque fuiste mi vida,
qué abandonado estoy,
¿y a quién le contaré lo que ahora siento?

Aún no, 1971

221
CANCIÓN DEL DESVELADO

Todavía es de noche y canta el gallo.
Y así lo hace una noche y otra noche.
Y yo guardo su canto cada noche.
Tenebrosa es la voz que lanza el gallo.
Agria es la luz, y el gallo rompe noche.
Tiento la oscuridad, y escucho al gallo.

Has perdido otra noche, dice el gallo.
Hasta que no haya gallo ni haya noche.

El otoño de las rosas, 1987

222
LA DESPEDIDA

Ya está, tras del recodo, la vejez,
como un árbol sin hojas. Parémonos
aquí, por un momento, bajo el cielo
que da el velo dorado a las palmeras
y pásame la mano por el hombro.
Respiremos la luz que se hace oscura
y alarga las distancias: un engaño,
que es la piedad de un dios. Él favorece
la dura despedida con tu vida.
Tú habrás de regresar, y harás camino
de nuevo por el mundo tan amado;
van contigo mi amor y mi silencio.
Mas espera a la noche todavía:
cuando aparezca arriba el primer astro
nos diremos adiós, y me iré solo.

El otoño de las rosas, 1987

223
LOS VERANOS

¡Fueron largos y ardientes los veranos!
Estábamos desnudos junto al mar,
y el mar aún más desnudo. Con los ojos,
y en unos cuerpos ágiles, hacíamos
la más dichosa posesión del mundo.

Nos sonaban las voces encendidas de luna,
y era la vida cálida y violenta,
ingratos con el sueño transcurríamos.
El ritmo tan oscuro de las olas
nos abrasaba eternos, y éramos sólo tiempo.
Se borraban los astros en el amanecer
y, con la luz que fría regresaba,
furioso y delicado se iniciaba el amor.
   Hoy parece un engaño que fuésemos felices
al modo inmerecido de los dioses.
¡Qué extraña y breve fue la juventud!

El otoño de las rosas, 1987

CLAUDIO RODRÍGUEZ (1934-1999)

224

    Como si nunca hubiera sido mía,
dad al aire mi voz y que en el aire
sea de todos y la sepan todos
igual que una mañana o una tarde.
Ni a la rama tan sólo abril acude
ni el agua espera sólo el estiaje.
¿Quién podría decir que es suyo el viento,
suya la luz, el canto de las aves
en el que esplende la estación, más cuando
llega la noche y en los chopos arde
tan peligrosamente retenida?
¡Que todo acabe aquí, que todo acabe
de una vez para siempre! La flor vive
tan bella porque vive poco tiempo
y, sin embargo, cómo se da, unánime,
dejando de ser flor y convirtiéndose
en ímpetu de entrega. Invierno, aunque
no esté detrás la primavera, saca
fuera de mí lo mío y hazme parte,
inútil polen que se pierde en tierra
pero ha sido de todos y de nadie.
Sobre el abierto páramo, el relente*
es pinar en el pino, aire en el aire,
relente sólo para mi sequía.
Sobre la voz que va excavando un cauce
qué sacrilegio este del cuerpo, este
de no poder ser hostia para darse.

Don de la ebriedad, 1954

225
CON MEDIA AZUMBRE* DE VINO

¡Nunca serenos! ¡Siempre
con vino encima! ¿Quién va a aguarlo ahora
que estamos en el pueblo y lo bebemos
en paz? Y sin especias,
no en el sabor la fuerza, media azumbre
de vino peleón, doncel* o albillo*,
tinto de Toro. Cuánto necesita
mi juventud; mi corazón, qué poco.
¡Meted hoy en los ojos el aliento
del mundo, el resplandor del día! Cuándo
por una sola vez y aquí, enfilando
cielo y tierra, estaremos ciegos. ¡Tardes,
mañanas, noches, todo, árboles, senderos,
cegadme! El sol no importa, las lejanas
estrellas... ¡Quiero ver, oh, quiero veros!
Y corre el vino y cuánta,
entre pecho y espalda cuánta madre
de amistad fiel nos riega y nos desbroza.
Voy recordando aquellos días. ¡Todos,
pisad todos la sola uva del mundo:
el corazón del hombre! ¡Con su sangre
marcad las puertas! Ved: ya los sentidos
son una luz hacia lo verdadero.
Tan de repente ha sido.
Cuánta esperanza, cuánta cuba hermosa
sin fondo, con olor a tierra, a humo.
Hoy he querido celebrar aquello
mientras las nubes van hacia la puesta.
Y antes de que las lluvias del otoño
caigan, oíd: vendimiad todo lo vuestro,
contad conmigo. Ebrios de sequía,
sea la claridad zaguán del alma.
¿Dónde quedaron mis borracherías?

Ante esta media azumbre, gracias, gracias,
una vez más y adiós, adiós por siempre.
No volverá el amigo fiel de entonces.

Conjuros, 1958

226
AL FUEGO DEL HOGAR

Aún no pongáis las manos junto al fuego.
Refresca ya, y las mías
están solas; que se me queden frías.
Entonces qué rescoldo, qué alto leño,
cuánto humo subirá, como si el sueño,
toda la vida se prendiera. ¡Rama
que no dura, sarmiento que un instante
es un pajar y se consume, nunca,
nunca arderá bastante
la lumbre, aunque se haga con estrellas!
Este al menos es fuego
de cepa y me calienta todo el día.
Manos queridas, manos que ahora llego
casi a tocar, aquella, la más mía,
¡pensar que es pronto y el hogar crepita,
y está ya al rojo vivo,
y es fragua eterna, y funde, y resucita
aquel tizón, aquel del que recibo
todo el calor ahora,
el de la infancia! Igual que el aire en torno
de la llama también es llama, en torno
de aquellas ascuas humo fui. La hora
del refranero blanco, de la vieja
cuenta, del gran jornal siempre seguro.
¡Decidme que no es tarde! Afuera deja
su ventisca el invierno y está oscuro.

Hoy o ya nunca más. Lo sé. Creía
poder estar aún con vosotros, pero
vedme, frías las manos todavía
esta noche de enero
junto al hogar de siempre. Cuánto humo
sube. Cuánto calor habré perdido.
Dejadme ver en lo que se convierte,
olerlo al menos, ver dónde ha llegado
antes de que despierte,
antes de que el hogar esté apagado.

Conjuros, 1958

227
ALTO JORNAL

Dichoso el que un buen día sale humilde
y se va por la calle, como tantos
días más de su vida, y no lo espera
y, de pronto, ¿qué es esto?, mira a lo alto
y ve, pone el oído al mundo y oye,
anda, y siente subirle entre los pasos
el amor de la tierra, y sigue, y abre
su taller verdadero, y en sus manos
brilla limpio su oficio, y nos lo entrega
de corazón porque ama, y va al trabajo
temblando como un niño que comulga
mas sin caber en el pellejo, y cuando
se ha dado cuenta al fin de lo sencillo
que ha sido todo, ya el jornal ganado,
vuelve a su casa alegre y siente que alguien
empuña su aldabón, y no es en vano.

Conjuros, 1958

228
LAMENTO A MARI

Casi es mejor que así llegue esta escena
porque no eres figura sino aliento.
La primavera vuelve mas no vuelve
el amor, Mari. Y menos mal que ahora
todo aparece y desaparece.
Y menos mal que voy tan de mañana
que el cuerpo no se entrega, está perdido.
¿Es lo que fue, lo que es, lo que aún espera
remordimiento, reconciliación
o desprecio o piedad? Y ya no hay celos
que den savia al amor, ni ingenuidad
que dé más libertad a la belleza.
¿Quién nos lo iba a decir? ¿Y quién sabía,
tras la delicadeza envejecida,
cuando ya sin dolor no hay ilusión,
cuando la luz herida se va a ciegas
en esta plaza nunca fugitiva
que la pureza era la pureza,
que la verdad no fue nuestra verdad?
¿Quién buscó duración? ¿Quién despedida?
Ya no hay amor y no hay desconfianza,
salvación mentirosa. Es la miseria
serena, alegre, cuando aún hace frío
de alto páramo, Mari, y luce el día
con la ceniza en lluvia, con destello
de vergüenza en tu cara y en la mía,
con sombra que maldice la desgracia.
¡Qué temprano, qué tarde, cuánto duran
esta escena, este viento, esta mañana!

Casi una leyenda, 1991

CARLOS SAHAGÚN (1938)

229
AULA DE QUÍMICA

Si vuelvo la cabeza,
si abro los ojos, si
echo las manos al recuerdo,
hay una mesa de madera oscura,
y encima de la mesa, los papeles inmóviles del tiempo,
y detrás,
un hombre bueno y alto.

Tuvo el cabello blanco, muy hecho al yeso, tuvo
su corazón volcado en la pizarra,
cuando explicaba, casi sin mirarnos,
de buena fe, con buenos ojos siempre,
la fórmula del agua.

Entonces, sí. Por las paredes,
como un hombre invisible, entraba la alegría,
nos echaba los brazos por los hombros,
soplaba en el cuaderno, duplicaba
las malas notas, nos traía en la mano
mil pájaros de agua, y de luz, y de gozo...

Y todo era sencillo.

El mercurio subía caliente hasta el fin,
estallaba de asombro el cristal de los tubos de ensayo,
se alzaban surtidores, taladraban el techo,
era el amanecer del amor puro,
irrumpían guitarras dichosamente vivas,
olvidábamos la hora de salida, veíamos
los inundados ojos azules de las mozas
saltando distraídos por en medio del agua.

Y os juro que la vida se hallaba con nosotros.

Pero, ¿cómo decir a los más sabios,
a los cuatro primeros de clase,
que ya no era preciso saber nada,
que la sal era sal y la rosa era rosa,
por más que ellos les dieran esos nombres impuros?
¿Cómo decir: moveos,
que ya habrá tiempo de aprender,
decid conmigo: Vida, tocad
el agua, abrid los brazos
como para abrazar una cintura blanca,
romped los libros muertos?

Os juro que la vida se hallaba con nosotros.

Profesor, hasta el tiempo del agua químicamente pura
te espero.
De nuevo allí verás, veremos juntos
un porvenir abierto de muchachas
con los pechos de agua, y de luz, y de gozo...

Profecías del agua, 1958

230
AQUÍ EMPIEZA LA HISTORIA

Aquí empieza la historia. Fue una tarde
en que se habían puesto las palomas
más blancas, más tranquilas. Como siempre
salí al jardín. Alrededor no había
nadie: la misma flor de ayer, la misma
paz, las mismas ventanas, el sol mismo.
Alrededor no había nadie: un árbol,
un estanque, ceniza en aquel monte
lejano. Alrededor no había nadie.
Pero ¿qué es este viento, quién me coge
el corazón y lo levanta en vilo? Una

muchacha azul en la orfandad del aire
ordenaba los pájaros. Sus manos
acariciaban con piedad el árbol,
y el estanque, y aquel lejano monte
ceniciento. El jardín ardía al sol.
    La miré. Nada. La miré de nuevo,
y nada, y nada. Alrededor, la tarde.

Como si hubiera muerto un niño, 1961

ANTONIO GAMONEDA (1931)

231

Existían tus manos.
Un día el mundo se quedó en silencio;
los árboles, arriba, eran hondos y majestuosos,
y nosotros sentíamos bajo nuestra piel
el movimiento de la tierra.
Tus manos fueron suaves en las mías
y sentí al tiempo la gravedad y la luz
y que vivías en mi corazón.
Todo era verdad bajo los árboles,
todo era verdad. Yo comprendía
todas las cosas como se comprende
un fruto con la boca, una luz con los ojos.

Exentos (1956-1960)

232
BLUES[87] DEL AMO

Va a hacer diecinueve años
que trabajo para un amo.
Hace diecinueve años que me da la comida
y todavía no he visto su rostro.
No he visto al amo en diecinueve años
pero todos los días yo me miro a mí mismo
y ya voy sabiendo poco a poco
cómo es el rostro de mi amo.
Va a hacer diecinueve años
que salgo de mi casa y hace frío
y luego entro en la suya y me pone una luz
amarilla encima de la cabeza
y todo el día escribo dieciséis

y mil y dos y ya no puedo más
y luego salgo al aire y es de noche
y vuelvo a casa y no puedo vivir.

Cuando vea a mi amo le preguntaré
lo que son mil y dieciséis
y por qué me pone una luz encima de la cabeza.

Cuando esté un día delante de mi amo,
veré su rostro, miraré en su rostro
hasta borrarlo de él y de mí mismo.

Blues castellano (1961-1966), 1982

233
BLUES DE LA ESCALERA

Por la escalera sube una mujer
con un caldero lleno de penas.
Por la escalera sube la mujer
con el caldero de las penas.

Encontré a una mujer en la escalera
y ella bajó sus ojos ante mí.
Encontré la mujer con el caldero.
Ya nunca tendré paz en la escalera.

Blues castellano (1961-1966), 1982

234
VISITA POR LA TARDE

Entré en la casa y me quité el abrigo
para que mis amigos no supieran
cuánto frío tenían, pero ellos
dijeron: «Ven, entra en la cocina».
Y la madre hizo fuego para mí.

No he podido tener nunca mi fiesta
en paz como aquel día:
el vino en la madera; la mirada
de los niños; las palabras;
el resplandor del fuego...

Cuando llegó la noche, la mujer
sacó las manos del agua
y separó los cabellos esparcidos
sobre el rostro cansado.
     Y vi el rostro.
Rostro cansado: amor.
    Y sonreía.

Blues castellano (1961-1966), 1982

235

Los jueves por la tarde se cerraba la escuela y los chiquillos nos reuníamos para una expedición prohibida que se iniciaba sin concluir nunca; quiero decir que nunca llegó a alcanzar el gran árbol prometido, un moral de dulcísimos frutos negros. Pero nosotros íbamos. Atravesábamos las ortigas. En las acequias desecadas había sombra y pedernales, y, en ciertos sitios, herramientas, huellas de labradores enviados por sus madres a territorios innombrables, lejos de la virtud de los fielatos*, que entonces eran habitación de los espías.

Pasaban trenes en la tarde y su tristeza permanece en mí.

Lápidas (1977-1986), 1987

236

Sucedían cuerdas de prisioneros; hombres cargados de silencio y mantas. En aquel lado del Bernesga[88] los contemplaban con amistad y miedo. Una mujer, agotada y hermosa, se acercaba con un serillo* de naranjas; cada vez, la última naranja le quemaba las manos: siempre había más presos que naranjas.

Cruzaban bajo mis balcones y yo bajaba hasta los hierros cuyo frío no cesará en mi rostro. En largas cintas eran llevados a los puentes y ellos sentían la humedad del río antes de entrar en la tiniebla de San Marcos[89], en los tristes depósitos de mi ciudad avergonzada.

Lápidas (1977-1986), 1987

MANUEL VÁZQUEZ MONTALBÁN (1939)

237
NUNCA DESAYUNARÉ EN TIFFANY[90]

Nunca desayunaré en Tiffany
ese licor fresa en ese vaso
Modigliani[91] como tu garganta
                      nunca
aunque sepa los caminos
                    llegaré[92]
a ese lugar del que nunca quiera
regresar
        una fotografía, quizá
una sonrisa enorme como una ciudad
atardecida, malva el asfalto, aire
que viene del mar
              y el barman
nos sirve un ángel blanco, aunque
sepa los caminos nunca encontraré
esa barra infinita de Tiffany
                  el juke-box[93]
donde late el último Modugno ad
un attimo d'amore che mai piú ritornerá...[94]
y quizá todo sea mejor así, esperando
porque al llegar no puedes volver
a Ítaca[95], lejana y sola[96], ya no tan sola,
ya paisaje que habitas y usurpas
                    nunca
nunca quiero desayunar en Tiffany, nunca
quiero llegar a Ítaca aunque sepa los caminos
lejana y sola.

Una educación sentimental, 1967

PEDRO GIMFERRER (1945)

238
ARDE EL MAR

Oh ser un capitán de quince años[97]
viejo lobo marino las velas desplegadas
las sirenas de los puertos y el hollín y el silencio en las
[barcazas
las pipas humeantes de los armadores pintados al óleo
las huelgas de los cargadores las grúas paradas ante el
[cielo de zinc
los tiroteos nocturnos en la dársena fogonazos un cuer-
[po en las aguas
   con sordo estampido
el humo en los cafetines
Dick Tracy[98] los cristales empañados la música zíngara
los relatos de pulpos serpientes y ballenas
de oro enterrado y de filibusteros
un mascarón de proa el viejo dios Neptuno
una dama en las Antillas ríe y agita el abanico de nácar
                              [bajo los
  cocoteros.

Arde el mar, 1966

239

En las cabinas telefónicas
hay misteriosas inscripciones dibujadas con lápiz de
[labios.
Son las últimas palabras de las dulces muchachas
[rubias
que con el escote ensangrentado se refugian allí para
[morir.
última noche bajo el pálido neón, último día bajo el sol
[alucinante,

calles recién regadas con magnolias, faros amarillentos
[de los coches patrulla en el amanecer.
Te esperaré a la una y media, cuando salgas del cine —y
 a esa hora está muerta en el Depósito aquella cuyo
 cuerpo era un ramo de orquídeas.
Herida en los tiroteos nocturnos, acorralada en las esquinas
[por los reflectores, abofeteada en los *night clubs,*
mi verdadero y dulce amor llora en mis brazos.
Una última claridad, la más delgada y nítida,
parece deslizarse de los locales cerrados:
esta luz que detiene a los transeúntes
y les habla suavemente de su infancia.
Músicas de otro tiempo, canción al compás de cuyas viejas
[notas conocimos una noche a Ava Gardner[99],
muchacha envuelta en un impermeable claro que besamos
 una vez en el ascensor, a oscuras entre dos pisos, y
 tenía los ojos muy azules, y hablaba siempre en voz
 muy baja —se llamaba Nelly.
Cierra los ojos y escucha el canto de las sirenas en la
[noche plateada de anuncios luminosos.
La noche tiene cálidas avenidas azules.
Sombras abrazan sombras en piscinas y bares.
En el oscuro cielo combatían los astros
cuando murió de amor,
              y como si oliera muy despacio un perfume.

La muerte en Beverly Hills[100], 1968

ANTONIO MARTÍNEZ SARRIÓN (1939)

240

    el cine de los sábados

maravillas del cine galerías
de luz parpadeante entre silbidos
niños con sus mamás que iban abajo
entre panteras un indio se esfuerza
por alcanzar los frutos más dorados
ivonne de carlo [101] baila en scherazade
no sé si danza musulmana o tango
amor de mis quince años marilyn [102]
ríos de la memoria tan amargos
luego la cena desabrida y fría
y los ojos ardiendo como faros

Teatro de operaciones, 1967

AGUSTÍN DELGADO (1941)

241
OTRA VEZ MÁS

Siempre quedan papeles llenos de metralla
encima de alguna mesa.
Pero más triste es morirse de hambre
y sin chaqueta y lejos de la patria.

Por eso hoy, Antonio Machado,
rasgo todos los versos,
todos los discursos de después de la comida
y me quedo en mi cuarto
mirando hacia afuera, mientras sigue la lluvia.

Por eso y porque es febrero,
tantas veces cuajado de nieve
pero tan pocas de copos de libertad.

Y porque el Volga
se deshiela a estas horas y en el Mediterráneo
llamean las aguas que te vieron morir.

Y también
por los dos versos
que encontraron en tu bolsillo y que dicen:
«estos días azules
y este sol de la infancia» [103].

Pero sobre todo, padre mío,
porque estoy desnudo como los hijos de la mar. [104]

Nueve rayas de tiza, 1968

242

La muerte del padre se alza en la ventana,
sale al espacio vestida de blanco.
Por las escaleras interiores golpea su cuerpo
descendido a hombros bajo espesa madera.

Los hijos del padre cruzan las calles,
el globo de la tierra gira sobre sus ojos.
Están para estallar pero no sollozan.
Sonríen pero están para partir.

La energía del padre yace en el vaso de agua,
en la mesa de noche de las salas de espera.
La chaqueta del padre vaga por los percheros,
no es símbolo, no es viento, no es amor.

La madre de los hijos inflama la pared
con una luz roja y con una luz roja.
La memoria deshace las miradas.
Mariposas clavadas con alfileres.

La sombra del padre se disuelve en la atmósfera,
habita las galaxias, los macizos blancos.
La madre de los hijos y los hijos del padre
cavan una tumba en el corazón de la tierra.

Espíritu áspero, 1974

JUAN LUIS PANERO (1942)

243
Y DE PRONTO ANOCHECE

> *Ed é subito sera*
> Salvatore Quasimodo [105]

Vivir es ver morir, envejecer es eso,
empalagoso, terco olor de muerte,
mientras repites, inútilmente, unas palabras,
cáscaras secas, cristal quebrado.
Ver morir a los otros, a aquellos,
pocos, que de verdad quisiste,
derrumbados, deshechos, como el final de este cigarrillo,
rostros y gestos, imágenes quemadas, arrugado papel.
Y verte morir a ti también,
removiendo frías cenizas, borrados perfiles,
disformes sueños, turbia memoria.
Vivir es ver morir y es frágil la materia
y todo se sabía y no había engaño,
pero carne y sangre, misterioso fluir,
quieren preservar, afirmar lo imposible.
Copa vacía, tembloroso pulso, cenicero sucio,
en la luz nublada del atardecer.
Vivir es ver morir, nada se aprende,
todo es un despiadado sentimiento,
años, palabras, pieles, desgarrada ternura,
calor helado de la muerte.
Vivir es ver morir, nada nos protege,
nada tuvo su ayer, nada su mañana,
y de pronto anochece.

Antes que llegue la noche, 1985

ANTONIO COLINAS (1946)

244
ESCALINATA DEL PALACIO

Hace ya mucho tiempo que habito este palacio.
Duermo en la escalinata, al pie de los cipreses.
Dicen que baña el sol de oro las columnas,
las corazas color de tortuga, las flores.
Soy dueño de un violín y de algunos harapos.
Cuento historias de muerte y todos me abandonan.
Iglesias y palacios, los bosques, los poblados,
son míos, los vacía mi música que inflama.
Salí del mar. Un hombre me ahogó cuando era niño.
Mis ojos los comió un bello pez azul
y en mis cuencas vacías habitan escorpiones.
Un día quise ahorcarme de un espeso manzano.
Otro día me até una víbora al cuello.
Pero siempre termino dormido entre las flores,
beodo entre las flores, ahogado por la música
que desgrana el violín que tengo entre mis brazos.
Soy como un ave extraña que aletea entre rosas.
Mi amigo es el rocío. Me gusta echar al lago
diamantes, topacios, las cosas de los hombres.
A veces, mientras lloro, algún niño se acerca
y me besa en las llagas, me roba el corazón.

Truenos y flautas en un templo, 1972

245
OCASO

Cuando la noche llega sobre el mar a la isla
sales del laberinto, del templo resonante.
Se encienden en las salas las lámparas de cobre.

El incienso lo lleva la brisa a los jardines.
Los sótanos entierran músicas y oraciones.
Mujer, mujer, en ti todo el ocaso es fruto.
De penumbra y de pájaro están hechos tus ojos.
Puros y firmes son tus muslos: son columnas.
Sales, paseas, dejas un velo entre las flores.
En la loma te quedas mirando el mar violáceo
que se repliega exhausto, colmado, conmovido.
Tus dos labios sonámbulos adivinan la noche,
ponen cerco de carne a la redonda luna.
Mujer, mujer, preguntas encierra el corazón.
¿Dónde encontrar palabras para escribir tu historia?
¿Con qué alucinaciones construiré mis versos?
Diosa o mujer, te miro y te pierdo para siempre.

Truenos y flautas en un templo, 1972

246

GIACOMO CASANOVA [106] ACEPTA EL CARGO DE BIBLIOTECARIO
QUE LE OFRECE, EN BOHEMIA, EL CONDE DE WALDSTEIN

Escuchadme, Señor, tengo los miembros tristes.
Con la Revolución Francesa van muriendo
mis escasos amigos. Miradme, he recorrido
los países del mundo, las cárceles del mundo,
los lechos, los jardines, los mares, los conventos,
y he visto que no aceptan mi buena voluntad.
Fui abad entre los muros de Roma y era hermoso
ser soldado en las noches ardientes de Corfú [107].
A veces he sonado un poco el violín
y vos sabéis, Señor, cómo trema* Venecia
con la música y arden las islas y las cúpulas.
Escuchadme, Señor, de Madrid a Moscú
he viajado en vano, me persiguen los lobos
del Santo Oficio, llevo un huracán de lenguas
detrás de mi persona, de lenguas venenosas.

Y yo sólo deseo salvar mi claridad,
sonreír a la luz de cada nuevo día,
mostrar mi firme horror a todo lo que muere.
Señor, aquí me quedo en vuestra biblioteca,
traduzco a Homero, escribo de mis días de entonces,
sueño con los serrallos* azules de Estambul.

Sepulcro en Tarquinia, 1975

247
REGRESO A PETAVONIUM [108]

Dejadme dormir en estas laderas
sobre las piedras del tiempo,
las piedras de la sangre helada de mis antepasados:
la piedra-musgo, la piedra-nieve, la piedra-lobo.
Que mis ojos se cierren en el ocaso salvaje
de los palomares en ruinas y de los encinares de hierro.
Sólo quiero poner el oído en la piedra
para escuchar el sonido de la montaña
preñada de sueños seguros,
el latido de la pasión de los antiguos,
el murmullo de las colmenas sepultadas.

Qué feliz ascensión por el sendero
de las vasijas pisoteadas por los caballos
un siglo y otro siglo.
Y en la cima, bravo como un espino, el viento
haciendo sonar el arpa de las rocas.
Es como el aliento de un dios
propagando armonía entre mis pestañas y las nubes.

Un águila planea lentamente en los límites,
se incendian las sierras de las peñas negras,
mas no veo las llamas,

las llamas que crepitan aquí abajo enterradas
bajo el monte de sueños aromados,
bajo la viga de oro de los celtas,
junto al curso del agua del olvido
que jamás —en vida— podremos contemplar,
pero que habrá de arrastrarnos tras el último suspiro.

¡Cómo pesan los párpados con la música del tiempo!
¡Cómo se embriagan de adolescencia perdida las venas!
Dejadme dormir en la ladera
de los infinitos sacrificios,
en donde arados y rebaños se han petrificado,
en donde el frío ha hecho florecer cenizales y huesos,
en donde las espadas han segado los labios del amor.

Dejadme dormir sobre la música de la piedra del monte,
pues ya sólo soy un nogal junto a una fuente ferrosa,
la vela que ilumina una bodega de mostos morados,
un trigal maduro rodeado de fuego,
una zarza que cruje de estrellas imposibles.

Jardín de Orfeo, 1988

LUIS ALBERTO DE CUENCA (1950)

248
AMOUR FOU [109]

Los reyes se enamoran de sus hijas más jóvenes.
Lo deciden un día, mientras los cortesanos
discuten sobre el rito de alguna ceremonia
que se olvidó y que debe regresar del olvido.
Los reyes se enamoran de sus hijas, las aman
con látigos de hielo, posesivos, feroces,
obscenos y terribles, agonizantes, locos.
Para que nadie pueda desposarlas, plantean
enigmas insolubles a cuantos pretendientes
aspiran a la mano de las princesas. Nunca
se vieron tantos príncipes degollados en vano.
  Los reyes se aniquilan con sus hijas más jóvenes,
se rompen, se destrozan cada noche en la cama.
De día, ellas se alejan en las naves del sueño
y ellos dictan las leyes, solemnes y sombríos.

La caja de plata, 1985

249
SOBRE UN TEMA DE J.M.M.

No quiero ser feliz. Estoy enfermo
de haberlo sido tanto. Me fastidia
que la gente me quiera y que los dioses
me protejan. Renuncio a ser el centro
de las fiestas y a todos los poderes
que el dinero y la sangre proporcionan.
No quiero verte al lado, en la cabina
de mi coche, dorada y sonriente,
previendo mis deseos más ocultos.

No me divierte ya que mis amigos
celebren la blancura de tus manos.
Detesto las victorias, y los viajes
al más allá, y la daga del ingenio,
y el amor, y el jardín de la alegría.
Quiero la opacidad y la tristeza
que da el dolor, y la desesperanza.
Me está matando tanta dicha junta.

La caja de plata, 1985

250
LA MENTIROSA

Tienes hora para ir al ginecólogo,
te duele la cabeza, te ha sentado
algo mal o preparas un examen,
es el santo de Marta, los gemelos
se aburren sin salir o Macarena
te ha invitado a bañarte en su piscina...
¡Qué mal mientes, amor! Si no te gusto,
dímelo. Pensaré en un buen suicidio.
Pero si quieres verme, y tus excusas
no son más que un vulgar afrodisíaco
para que se mantenga mi deseo,
invéntate otros juegos, vida mía,
que el premio del engaño es el olvido.

La caja de plata, 1985

LUIS ANTONIO DE VILLENA (1951)

251
LABIOS BELLOS, ÁMBAR SUAVE

Con sólo verte una vez te otorgué un nombre,
para ti levanté una bella historia humana.
Una casa entre árboles y amor a medianoche,
un deseo y un libro, las rosas del placer
y la desidia. Imaginé tu cuerpo
tan dulce en el estío, bañado entre las
viñas, un beso fugitivo y aquel espera
no te vayas aún, aún es temprano.
Te llegué a ver totalmente a mi lado.
El aire oreaba tu cabello, y fue sólo
pasar, apenas un minuto y ya dejarte.
Todo un amor, jazmín de un solo instante.
mas es grato saber que nos tuvo un deseo,
y que no hubo ni presente ni pasado.

El viaje a Bizancio, 1978

252
DEMASIADA BELLEZA

Conozco la historia del que llenaba
su casa de lilas blancas; la del que
amaba deslizar la mano,
temblorosa, sobre frías gemas, ágatas,
berilos*; la del que paseaba en la noche,
con un candelabro Imperio por
salones abarrotados de lienzos y marfiles.
Hiperestésicos*, anhelantes, heridos.
Porque la Belleza es, a veces, excesiva
e inasible. Pero sigue brillando el cuerpo
joven en la tarde. Y se enciende la mirada

azul, y el fino cabello negro, y la piel
oscura. Y el muchacho nos mira, al pasar,
ignorante de su don, como en los cuentos persas,
mientras tú, herido, buscas alivio en cosas muertas.

Hymnica, 1979

253
AL SUR, EN UNA PEQUEÑA CIUDAD PROVINCIANA

Me iría, como tantos han hecho.
Aún me pregunto qué me retiene aquí.
Y me imagino paseando aquellas calles
donde llegará el olor del mar y el del campo.
Recorriendo, un poco ocioso, aljamas*
y juderías, y bebiendo —a la tarde— el vino
caliente de las tabernas. Charlando
de pescado y flores, con vecinos. Ofreciendo
cigarros, y guardando para mí las alegrías
más íntimas: la cabeza vista en el museo,
las páginas del libro leídas por la noche,
mientras el sueño me llega con murmullo
de mar, y arde entre los labios la metáfora.
Tardes bajo el parral en los veranos,
noches en la campiña con olor de cuerpo
y de retama, mañanas marinas con
el brillo de un metal ardiendo el aire.
¿Qué ha sido de él? —preguntarían.
A mí me pareció siempre un tipo raro.
Y me imagino paseando aquellas calles
entre vaho de jazmín y de albahacas.
Pequeñas calles moras con sillas a la puerta,
donde hablo con la mujer del precio de la compra,
y un muchachillo oscuro me sonríe:
Juan, al que ayudo en sus deberes por la tarde.

* * *

Hacia el sol y el sur el camino es muy largo.
Hay que despojarse y enriquecerse de muchas cosas.
Pero no tengo miedo. Sé que me hablarán las gentes
que amo, y que no me faltará un cuerpo joven
en la noche de invierno. Primigenia belleza
que ya admiro: bello y joyel como un poema
leído en Ibrahim Ibn Sahl, musulmán sevillano.

Huir del invierno, 1981

JULIO LLAMAZARES (1955)

254

Yo vengo de una raza de pastores que perdió su libertad cuando perdió sus ganados y sus pastos.

Durante mucho tiempo, mis antepasados cuidaron sus rebaños en la región donde se espesan el silencio y la retama.

Y no tuvieron otro dios que su existencia ni otra memoria que el olvido.

Caliente aún está la piedra donde bebían la sangre de sus vides al caer de la tarde. Pero qué lejos todo si recuerdo.

Qué lejos de mí la región de las fuentes del tiempo, el lugar donde el hombre nace y se acaba en sí mismo como una flor de agua.

Ellos no conocían la intensidad del fuego ni el desamor de los árboles sin savia.

Los graneros de su pobreza eran inmensos. La lentitud estaba en la raíz del corazón.

Y en su sosiego acumularon monedas verdes de esperanza para nosotros.

Pero el momento llegó de volver a la nada cuando los bueyes más mansos emprendieron la huida y una cosecha de soledad y hierba reventó sus redes.

Ahora apacientan ganados de viento en la región del olvido y algo muy hondo nos separa de ellos.

Algo tan hondo y desolado como una zanja abierta en la mitad del corazón.

La lentitud de los bueyes, 1979

255

Hace ya mucho tiempo que camino hacia el norte, entre zarzas quemadas y pájaros de nieve.

Hace ya mucho tiempo que camino hacia el norte, como un viajero gris perdido entre la niebla.

Una verdad cifrada dejé atrás: el humo denso y obsequioso de los brezos* y la alegría de mis padres en el anochecer.

En el camino del norte, sin embargo, sólo mendigos locos se acompañan.
Duermo bajo sus capas en las noches de invierno.

Les digo este relato para ahuyentar el miedo.

Memoria de la nieve, 1982

256

De nuevo llega el mes de las avellanas y el silencio.

Otra vez se alargan las sombras de las torres, la plenitud azul del huerto familiar.

Y en la noche se escucha el grito desolado de las frutas silvestres.

Sé muy bien que éste es el mes de la desesperanza.

Sé muy bien que, tras los mimbres lánguidos del río, acecha un animal de nieve.

Pero era en este mes cuando buscábamos orégano y genciana*, flores moradas para aliviar las piernas abrasadas de las madres.

Y recibo el recuerdo como una lenta lluvia de avellanas y silencio.

Memoria de la nieve, 1982

257

Los bardos* llegaban con el verano. Por los verdes caminos vagaban de aldea en aldea.

Y siempre había algún anciano que decía: vienen del país de la nieve, del país de los bosques y los lagos helados.

Y les agasajaban con manteca y arándanos* maduros.

Pero los bardos jamás se detenían más de un día en cada aldea.

Al amanecer, seguían su camino. Los niños les llamábamos llorando inútilmente.

Memoria de la nieve, 1982

258

La nieve está en mi corazón como el silencio en las habitaciones de los balnearios: densa y profunda, indestructible.

La nieve está en mi corazón como la hiedra de la muerte en las habitaciones donde nacimos.

Y el tiempo huye de mí con un crujido dulce de zarzales.

Nieva implacablemente sobre los páramos de mi memoria. Es ya de noche entre los blancos cercados.

Cuando amanezca, será ya siempre invierno.

Memoria de la nieve, 1982

ANA ROSSETTI (1950)

259
SE PENSO COMO SPESO MALE IL MIO TEMPO... [110]

Le envié mensajeros
con gardenias, bombones
y libros de poemas; telegramas
diciéndole: te quiero,
y todos los domingos, cuando se despertaba,
hice sonar su disco favorito.
Yo creí muy romántico ocultar mi remite,
y que el desinterés una fórmula fuera
de amar refinadísima
—y quizá, dado el caso, la única posible—.
¡Qué pérdida de tiempo!
Alguien con él comparte
mis ramos, mis pasteles y mis rimas,
y no me extrañaría —puesto que son anónimos—
que encima se jactara de elegir mis envíos
y pagarlos.
Ahora cada domingo,
me sé de sobra cuándo se despiertan
y no pongo la música.
Bajo a la portería, pulso el timbre
y no paro hasta que los interrumpo.

Yesterday, 1988

JULIO MARTÍNEZ MESANZA (1955)

260
TAMBIÉN MUEREN CABALLOS EN COMBATE

También mueren caballos en combate,
y lo hacen lentamente, pues reciben
flechazos imprecisos. Se desangran
con un noble y callado sufrimiento.
De sus ojos inmóviles se adueña
una distante y superior mirada,
y sus oídos sufren la agonía
furiosa y desmedida de los hombres.

Europa, 1986

261
LAS TRES HERMANAS

Eran bellas. Sus ojos eran bellos
y guardaban la luz del sur sagrado
y la septentrional melancolía.
Jamás fueron dichosas. Sólo bellas
y sólo tristes: su poder oscuro.
Cuando volví del *limes*[111] ya no estaban.
Ni ella, mi más amada. Ni ella, amiga.
Ni ella, la extraña. No maldije el tiempo
pasado con las armas, no a ninguna.
Ni pregunté por ellas, pues supuse
la razón de su ausencia. Son imagen
de la perdida juventud, y sufro
una hiriente dulzura al recordarlas.

Europa, 1986

FELIPE BENÍTEZ (1960)

262

LA DESCONOCIDA

En aquel tren, camino de Lisboa,
en el asiento contiguo, sin hablarte
—luego me arrepentí.
En Málaga, en un antro con luces
del color del crepúsculo, y los dos muy fumados,
y tú no me miraste.
De nuevo en aquel bar de Malasaña [112],
vestida de blanco, diosa de no sé
qué vicio o qué virtud.
En Sevilla, fascinado por tus ojos celestes
y tu melena negra, apoyada en la barra
de aquel sitio siniestro,
mirando fijamente —estarías bebida— el fondo de tu
[copa.
En Granada tus ojos eran grises
y me pediste fuego, y ya no te vi más,
y te estuve buscando.
O a la entrada del cine, en no sé dónde,
rodeada de gente que reía.
Y otra vez en Madrid, muy de noche,
cada cual esperando que pasase algún taxi
sin dirigirte incluso
ni una frase cortés, un inocente comentario...
En Córdoba, camino del hotel, cuando me preguntaste
por no sé qué lugar en yo no sé qué idioma,
y vi que te alejabas, y maldije a la vida.
Innumerables veces, también,
en la imaginación, donde caminas
a veces junto a mí, sin saber qué decirnos.
Y así, de pronto en algún bar
o llamando a mi puerta, confundida de piso,

apareces fugaz y cada vez distinta,
camino de tus mundos, donde yo no podré
tener memoria.

Los vanos mundos, 1985

NOTAS A LOS POEMAS

1   En el Canto III de *La Araucana*, poema épico de Alonso de Ercilla (1553-1594), se narra la proeza de Caupolicán, caudillo indígena araucano –del valle de Arauco, región del actual Chile—, que sostuvo sobre sus hombros durante muchas horas un pesado tronco. Por esta hazaña el pueblo lo designó *Toqui*, es decir, jefe supremo de los araucanos. Caupolicán derrotó a las tropas españolas mandadas por Pedro de Valdivia. Vencido, más tarde, por García Hurtado de Mendoza, se retiró a las montañas, pero fue traicionado y murió empalado por los españoles en 1558.

2   Héroe mitológico, famoso por su fuerza física y su valor. Uno de los Doce Trabajos míticos que realizó consistió en el estrangulamiento del León de Nemea.

3   Héroe bíblico, ejemplo de colosal fuerza física.

4   Personaje legendario citado en la Biblia como intrépido cazador.

5   Hipérbaton (alteración del orden lógico de la frase); *el triunfo de los pavos reales* —orgullosos de su bello plumaje— *puebla el jardín*.

6   Antigua ciudad de la India, famosa por sus tesoros de piedras preciosas.

7   Isla situada a la entrada del Golfo Pérsico, famosa por sus perlas.

8   Minerva era la diosa romana de la sabiduría (identificada con la griega Palas Atenea), nacida de la cabeza de Júpiter/Zeus y protectora del Estado, de las ciencias y de las bellas artes. Marte, también hijo de Júpiter, era el dios de la guerra. A ambos dioses se les representaba con casco, escudo y lanza. Darío se refiere aquí a sus estatuas.

9   Fama era una divinidad menor romana, hija de la Tierra y personificación divinizada de la *vox populi* (voz o juicio del pueblo); se le representaba comúnmente tocando una trompeta larga y recta o añafil. También se refiere aquí Darío a unas estatuas.

10 Zeus, en figura de toro, raptó a la heroína fenicia Europa y la llevó sobre su lomo por el Mediterráneo hasta la isla de Creta.

11 Este héroe mitológico griego, Jasón, marchó en la nave Argos con sus compañeros, los Argonautas, en busca del Vellocino de Oro, mágica piel de un carnero custodiada por un dragón.

12 Cita modernizada del v. 47 del *Poema del Mio Cid* (¿1207?): «*Cid, en el nuestro mal, vos non ganades nada*».

13 Este poema es un retrato literario del rey Felipe IV, tal y como aparece en un cuadro de Velázquez conservado en el Museo del Prado. Sin embargo, se da en este poema una curiosa confusión: quien sostiene el guante en la mano, en otro cuadro del mismo Velázquez, es el infante don Carlos, hermano del rey. Parece ser que en la memoria del poeta se han superpuesto ambas figuras pictóricas.

14 Célebre barrio parisino de pintores y bohemios.

15 Famosa imagen sevillana de la Virgen.

16 Retrato literario inspirado en el conocido cuadro de Goya, Los Fusilamientos del 3 de Mayo de 1808, conservado en el Museo del Prado.

17 Palabra andaluza —derivada del castellano «soledades»— con la que se designa un tipo de copla típica del «cante jondo» —la *soleá*—, compuesta de tres versos octosílabos con rima asonante en los impares.

18 Rubén Darío murió en León (Nicaragua) —en cuya catedral está enterrado— el 6 de febrero de 1916. Tuvo una estrecha relación con los hermanos Machado, quienes, a su muerte, le dedicaron sendas elegías, recogidas en esta antología.

19 En este poema el «buitre» es un símbolo de la angustia existencial —el unamuniano «sentimiento trágico de la vida»—.

20 Michelàngelo Buonarrotti (1475-1564), famoso escultor, pintor, arquitecto y también poeta italiano. El primer verso del poema de Unamuno es la traducción de este verso de Miguel Ángel.

21 Uno de los nombres bíblicos del Príncipe de los ángeles rebeldes, el Demonio.

22 Final del poema XCIX, *Por tierras de España*, del libro *Campos de Castilla*.

23 Jerónimo Ripalda (1535-1618), jesuita español, autor de un famoso *Catecismo de la Doctrina Cristiana*.

24 Miguel de Mañara, famoso caballero sevillano del siglo XVII, que, después de haber llevado una vida de libertinaje, se entregó al ejercicio de la caridad pública. Fundó el Hospital de la Caridad de Sevilla.

25 El marqués de Bradomín, protagonista de las *Sonatas* de Valle Inclán, quien lo definió como un don Juan «feo, católico y sentimental».

26 Importante poeta renacentista francés, Pierre de Ronsard (1524-1585). Alusión a la influencia poética francesa, muy acusada en los primeros poetas modernistas.

27 Se refiere aquí a la excesiva ornamentación de la poesía modernista.

28 «Gay-trinar» es un juego de palabras irónico por «gay saber» o «gaya ciencia», arte poética de los trovadores medievales de Provenza.

29 Dos ermitas situadas a orillas del Duero en Soria; la primera, San Polo —derivación del nombre de San Pablo—, es de origen templario; y la segunda, San Saturio, está dedicada a un eremita hispano-romano, de cuyo nombre deriva el de la ciudad.

30 Antonio Machado escribió este poema en Soria el 4 de mayo de 1912. El milagro que el poeta espera es la curación de su joven esposa, Leonor Izquierdo, gravemente enferma de tuberculosis, a causa de la cual murió el 1º de agosto del mismo año.

31 Este poema fue escrito en Baeza (Jaén), después de la muerte de Leonor. Desde su tierra andaluza el poeta sueña con Soria y con la compañía de su mujer; pero la triste realidad se impone en los últimos versos.

32 Monte de la comarca del Somontano zaragozano, lindante con Soria y que se divisa desde esta ciudad.

33 El poema está escrito en Baeza, en abril de 1913. José M.ª Palacio fue un periodista soriano, muy amigo de Machado y primo de su mujer.

34 Cementerio de Soria, donde está enterrada Leonor.

35 En homenaje a su buen amigo y maestro poético, Rubén Darío, muerto en 1916, Machado escribe esta bella elegía que es imitación y recreación de la poesía modernista rubendariana: versos alejandrinos, alusiones mitológicas, tipo de adjetivación, retoricismo, etc.

36 Referencia al Jardín de las Hespérides; según la mitología clásica era un lugar maravilloso, lleno de fuentes de ambrosía y manzanas de oro, situado en el extremo occidental del mundo. Existe una tradición que lo ubica en el suroeste de España.

37 En la mitología griega, el dios del vino y la embriaguez, equivalente al Baco latino.

38 Referencia al viejo mito de la «tierra de la eterna primavera». Los conquistadores españoles soñaban con descubrirla en América y, además de a otros lugares, nombraron así a la península de La Florida.

39 Tierra de Oro fue como nombraron a Nicaragua los conquistadores españoles.

40 En la mitología griega, dios de la belleza y de las artes, especialmente de la música y de la poesía lírica.

41 Dios griego de los bosques y de los pastores; se le representa tocando la flauta pastoril o siringa.

42 Alusión al cementerio de El Espino, en Soria.

43 *Ángelus* (en el texto se respeta la particular ortografía del poeta): toque de campanas para anunciar la oración del misterio de la Encarnación que en honor de la Virgen se rezaba al amanecer, al mediodía y al atardecer.

44 Este título está tomado del v. 12 de la égloga III de Garcilaso de la Vega: «Pienso mover la voz a ti debida».

45 En inglés, las siete en punto.

46 Una de las advocaciones de la Virgen en la *Letanía Lauretana*.

47 Se refiere a la ciudad de Soria.

48 Pueblo burgalés famoso por su antiguo e importante

monasterio benedictino de Santo Domingo. En el jardín del bellísimo claustro románico se yergue el viejo y altísimo ciprés al que el poeta se refiere.

49 Río que pasa por Silos.

50 Antigua ciudad celtibérica, próxima a Soria, cuyos habitantes prefirieron inmolarse antes que entregarse a Roma.

51 Los picos de Urbión, en la meseta soriana, donde nace el río Duero.

52 Zona montañosa, al sur de Córdoba, famosa en el siglo XIX por ser refugio de bandoleros.

53 La muerte de dos niñas ahogadas en un pozo, una en Granada y otra en el pueblo estadounidense de Newburg, inspiró al poeta este poema surrealista.

54 Segunda parte del *Llanto por Ignacio Sánchez Mejías*, gran torero, amigo de García Lorca y de otros miembros de la Generación del 27, muerto por una cogida de toro en la plaza de Manzanares (Ciudad Real), en agosto de 1934.

55 Famosas esculturas ibéricas de cuatro indeterminados animales cuadrúpedos, situadas cerca de Ávila.

56 En árabe, un tipo de poemas de asunto amoroso.

57 En árabe, nombre colectivo con el que se designa el conjunto de poemas de un poeta.

58 Nombre de origen árabe de una huerta perteneciente a la familia de García Lorca, donde fue escrita esta colección de poemas.

59 Verso 15 de la rima LXVI de Gustavo Adolfo Bécquer (1835-1870): «En donde esté una piedra solitaria / sin inscripción alguna, / donde habite el olvido, / allí estará mi tumba».

60 Es probable que Cernuda se refiera en este poema a la ciudad escocesa de Glasgow, en cuya universidad estuvo como profesor de español algunos años, siendo su estancia allí muy poco grata; en palabra suya: «aborrecible».

61 Se refiere al bando nacional, vencedor en la Guerra Civil española.

62 Esta cuarta estrofa hay que interpretarla en el sentido de que

«una mano divina alzó tu tierra en mi cuerpo (i, e., dio realce a tu tierra haciendo de ella un cuerpo humano, como en la creación de Adán) y allí (en mi cuerpo) dispuso la voz (instaló la voz) que hablase (i, e., diera expresión) a tu silencio», es decir, al silencio de España, que es el «tú» del romance (por lo que el título podría ser «Un español habla a su tierra»); cf. Carlos Peregrín Otero, en *Luis Cernuda. Invitación a la poesía*, Barcelona, Seix Barral, 1975, pp. 22-23.

63   Sansueña es el nombre de una ciudad legendaria de la España del interior bajo la dominación musulmana, que aparece en los romances carolingios. Se encuentra también en muy diversas obras de la literatura española posterior; por ejemplo, Fray Luis de León, en el v. 24 de la *Profecía del Tajo*, la sitúa próxima a Toledo, y Cervantes, en el cap. XXVI de la Segunda Parte de *El Quijote*, la identifica con la actual Zaragoza. Para Cernuda, en este amargo poema, es un topónimo emblemático de toda España.

64   *Casa llana:* reminiscencia literaria con el significado de burdel.

65   Ulises es el protagonista de la *Odisea* de Homero (s. VIII a.C.); Itaca es la isla de la que era rey y adonde regresaba de su azaroso viaje; y Penélope, la esposa que le aguardaba fielmente.

66   Referencia a la letra de un conocido tango argentino: «Adiós, muchachos, compañeros de mi vida...»

67   Río de América del Sur que nace en Brasil, pasa por Paraguay y desemboca en Argentina, en el Río de la Plata.

68   Giuseppe Gioachino Belli (1791-1863), poeta italiano que compuso numerosos sonetos sarcásticos y realistas en dialecto romano. Los dos versos citados dicen: «¡Ay!, quien no ve esta parte del mundo / ni siquiera sabe por qué ha nacido».

69   *el tablado de la farsa:* el escenario del teatro.

70   «La mano... un sepulturero»: cita casi textual y alusión a la situación de un pasaje de la escena I del acto V de *Hamlet*, de William Shakespeare (1564-1616).

71   Se refiere al famoso pasaje bíblico sobre el Juicio del rey Salomón (*Reyes,* I, 3, vv. 16-28).

72   Protagonista de *El alcalde de Zalamea*, conocido drama de Pedro Calderón de la Barca (1600-1681).

73. Círculo que tiene marcados alrededor los treinta y dos rumbos en que se divide la vuelta al horizonte.

74 Versos pertenecientes al poema de A. Machado LXXVII, «Es una tarde cenicienta y mustia» (*Soledades, galerías y otros poemas*, 1907). V. nº 25 de esta antología.

75 Título tomado de la *Epístola a los efesios* (II, 3), de San Pablo: «... et eramus natura filii irae sicut et ceteri...» (... y éramos, por naturaleza, hijos de la ira como los demás...).

76 Filósofo griego presocrático del s. V a.C.

77 *brizados pabellones:* tiendas de campaña cuya tela acuna el viento.

78 Referencia a la *Epístola satírica y censoria contra las costumbres de los castellanos*, escrita por Francisco de Quevedo (1580-1645) al Conde-Duque de Olivares. El penúltimo verso de este poema de Blas de Otero —«no he de callar por más que con el dedo»— es el primer verso de la *Epístola* de Quevedo.

79 Lope de Vega (1562-1635) escribió un famoso soneto —*A una calavera de mujer*— del que Rafael Morales hace aquí una recreación.

80 Alusión indirecta al verso de Antonio Machado —«mala gente que camina»—, del poema que comienza: «He andado muchos caminos...» (*Soledades, Galerías y otros poemas*, 1907).

81 Como nos ha confirmado personalmente el prof. Manuel Vilas, estudioso de la obra de Cernuda, este poema parece referirse a este poeta, pero al no nombrarlo se diluye el personaje y este «derrotado» puede interpretarse como figura paradigmática de la instalación del poeta en el mundo.

82 « miré los muros de la patria mía »: comienzo del conocido soneto *Salmo XVII* de *El Heráclito cristiano*, de Francisco de Quevedo, del que el poema de Goytisolo es una recreación y trasposición a su vivencia de la Guerra Civil española.

83 Poema escrito en 1965 y dirigido a su hija Julia, de 7 años.

84 Referencia poética al primer verso del célebre *Retrato* de Antonio Machado: «Mi infancia son recuerdos de un patio de Sevilla», nº 27 de la antología.

85   Versos pertenecientes a *Marcha triunfal* de Rubén Darío (*Cantos de vida y esperanza*, 1905). V. nº 4 de esta antología.

86   En latín, "sobre la vida feliz".

87   Canción popular de los negros norteamericanos que influyó en el jazz y cuyo texto, muy repetitivo y rítmico, suele tener un alto valor poético.

88   Río que pasa por León.

89   Bello edificio renacentista de León, edificado para convento de la Orden Militar de Santiago, que, durante la Guerra Civil, sirvió de cárcel y hoy día es hotel de lujo.

90   Alusión a la novela corta *Desayuno en Tiffany's*, del escritor estadounidense Truman Capote (1924-1984), publicada en 1958. Sobre esta novela dirigó una película Blake Edwards, en 1961, titulada *Desayuno con diamantes* y protagonizada por Audrey Hepburn.

91   Amadeo Modigliani (1884-1920), pintor italiano famoso por sus desnudos femeninos y por el alargamiento vertical de las cabezas.

92   Referencia literaria a los versos: «Aunque sepa los caminos, / yo nunca llegaré a Córdoba», del poema *Canción de jinete*, de Federico García Lorca, nº 82 de la antología.

93   En inglés, máquina tragaperras musical.

94   Fragmento de la letra de una canción del compositor y cantante italiano Doménico Modugno, titulada *L'uomo in frac* (El hombre del frac): «Un instante de amor que nunca más retornará».

95   Referencia al poema *Itaca* («Cuando emprendas tu viaje a Itaca / pide que el camino sea largo...»), del poeta griego, nacido en Alejandría (Egipto), P.F. Cavafis (1863-1933).

96   Nueva referencia al poema de García Lorca citado en la nota 92.

97   Título de la novela de Julio Verne (1828-1905) *Un capitán de quince años*.

98   Héroe detectivesco de cómics, creado en 1931 por el estadounidense Chester Gould.

99   Famosa actriz del cine estadounidense.

100 *Beverly Hills:* Localidad próxima a Los Ángeles, lugar de residencia de las más famosas estrellas del cine americano.

101 Ivonne de Carlo, actriz norteamericana protagonista de la película *Scherazade*, basada en *Las mil y una noches.*

102 Marilyn Monroe, famosa actriz norteamericana.

103 Después de la muerte de Antonio Machado, el 22 de febrero de 1939, en Collioure, pueblecito de la costa francesa en donde sigue enterrado, su hermano José encontró en un bolsillo de su abrigo un papel en el que el poeta había escrito estos sus dos últimos versos.

104 Alusión al último verso del *Retrato*, de Antonio Machado, nº 27 de la antología.

105 Salvatore Quasimodo (1901-1968), poeta italiano, premio Nobel de Literatura de 1959.

106 Giacomo Casanova (1725-1798), famoso aventurero y libertino veneciano; después de una vida de múltiples amoríos, intrigas y persecuciones, el conde de Waldstein le instaló en el castillo de Dux, nombrándole su bibliotecario.

107 Ciudad griega en la isla del mismo nombre.

108 Petavonium —hoy Fuente Encalada—, antiguo castro celta y, posteriormente, lugar de emplazamiento de un importante campamento militar romano. Se encuentra situado en la provincia de Zamora, no lejos de La Bañeza, ciudad leonesa en la que nació el autor.

109 En francés, literalmente, «amor loco»; expresión originaria de los «tratados de amor», en los que tenía el sentido de amor desordenado o perverso. En este poema hay una referencia al incesto del rey Antíoco con su hija, que se encuentra en el *Libro de Apolonio* (s. XIII), texto del Mester de Clerecía, que es una versión literaria de un tema histórico-legendario de origen helenístico.

110 En italiano, «si pienso en cómo he malgastado mi tiempo...»

111 En latín, frontera, límite.

112 Barrio de Madrid famoso por su ambiente nocturno.

GLOSARIO

a piedra y lodo: a cal y canto, completamente cerrado.
adalides: caudillos, jefes.
afluido: llegado.
aijada (aguijada)**:** vara larga, afilada en una punta, para picar a la yunta.
alabardas: lanzas de unos dos metros, con cuchilla transversal aguda por un lado y de figura de media luna por el otro.
alarife: arquitecto o maestro de obras.
albahaca: planta de fuerte olor aromático y flores blancas algo purpúreas.
albillo (vino)**:** vino que se hace con uva albilla.
alcores: colinas.
aleteante: palpitante.
algarabía: gritería confusa. Aquí es una sinestesia —la aplicación del sonido al colorido de la puesta del sol—.
aljamas: morerías o juderías.
aljibe: depósitos de agua donde se recoge la lluvia.
amaga: acecha amenazadoramente.
ara: altar.
arándanos: frutos silvestres comestibles, de color morado.
argentina: cultismo; de plata.
arnés: armadura de los guerreros.
arregazan: envuelven en el regazo.
arrieros: los que transportan mercancías en caballerías.
augurios: presagios, anuncios.
auguro: pronostico, predigo.
áureas: doradas.
azahares: flores blancas como las del naranjo.
azogado (cristal)**:** espejo. El mar es como un espejo que refleja el cielo.
azumbre: medida de capacidad para líquidos, equivalente a 2 l. y 16 ml.
azur: voz francesa para designar en heráldica el color azul oscuro y que para los simbolistas significaba lo perfecto, lo ideal.

baldía: improductiva.
baranda: barandilla; aquí, balcón.

barbacana: cuerpo avanzado y aislado de una fortificación o castillo para defender mejor las puertas y los muros.
bardos: poetas de los antiguos celtas; aquí, poetas populares de las culturas célticas del noroeste español.
bata: golpee.
berilos: variedades de esmeraldas.
bieldo (bielda): instrumento agrícola que sirve para recoger y cargar la paja.
bofes: pulmones.
brezos: arbustos muy ramosos de madera dura y raíces gruesas.
brizas: cuneas o acunas.
bruno: de color negro u oscuro.
bruñido: brillante.

cabrilleo: estado del mar, cuando, al empezar a agitarse, se forman pequeñas olas blancas.
cacaseno: persona simple o boba.
calvijares: calveros, lugares sin árboles en el bosque.
cantil: borde de un despeñadero.
carámbano: trozo de hielo puntiagudo.
cárdena: de color amoratado.
casta: raza, pueblo.
cellisca: temporal de agua y nieve, impelidas fuertemente por el viento.
cenit: punto del hemisferio terrestre situado en la vertical de un lugar de la tierra.
cenital: perteneciente al cenit; aquí, luz de mediodía.
centauros: seres mitológicos, mitad hombre y mitad caballo.
ceños: aspectos de enfado o amenaza al arrugar la frente del rostro.
cercenas: cortas de raíz.
ciclópeo: propio de los cíclopes; según la mitología griega gigantes hijos del Cielo y de la Tierra, que tenían sólo un ojo en medio de la frente.
cieno: lodo formado en las aguas estancadas; suciedad.
cítara: instrumento musical antiguo, semejante a la lira, pero con caja de resonancia de madera.
clave: apócope de clavicordio, instrumento musical.
cómico: actor de teatro.

costanillas: calles cortas y en cuesta.
crédula: que cree fácilmente.
crespos: rizados.
crisálida: capullo en que están encerrados ciertos insectos antes de convertirse en adultos.
cuatralbo: que tiene blancos los cuatro pies.
cuento: contera, pieza de metal que se pone en el extremo inferior de la pica.

chafarote: cuchillo, navaja.
charada: aquí, juego frívolo.
chic: término francés para designar un toque de estilo muy a la última moda.

decísme: me decís.
denuedo: brío, esfuerzo.
desacato: falta de respeto, irreverencia para las cosas sagradas.
desertaba: abandonaba.
desjarretar: cortar las patas a la altura de las rodillas.
devocionario: libro de rezos.
disyunción: separación, desunión.
doncel (vino)**:** vino suave y dulce.
dril: tela fuerte de algodón.
dueña: señora de compañía.

elevados: el ferrocarril metropolitano de Nueva York.
encona: exaspera.
enhiesto: levantado, derecho.
enjuta: seca.
ensamblaros: uniros completamente.
enseña: bandera.
escarcha: rocío nocturno congelado.
escleróticos: anquilosados.
escrofulosas: que padecen tuberculosis ósea.
esfumino: rollito de papel que se emplea para difuminar las líneas que configuran los contornos de un dibujo.
esperma: semen animal.
esquilas: cencerros en forma de campana que las vacas y otros animales llevan colgados del cuello.
esquiva: desagradable.

esteva: pieza corva y trasera del arado, en la cual apoya la mano el que ara, para dirigir la reja y apretarla contra la tierra.
extinto: apagado.
exuda: suda.

famélicos: hambrientos.
fiel: aguja que en las balanzas, al ponerse vertical, indica la perfecta igualdad de los pesos comparados. Exacto, perfecto.
fielatos: oficinas a las entradas de las poblaciones, en las que se pagaban los derechos de consumo.
filantropía: amor a la humanidad.
fío: confío.
fúlgido: brillante, resplandeciente.

gabinete: habitación particular, despacho.
garduño (gato): gato montés, parecido al lince.
genciana: planta de tallo sencillo, hojas grandes, flores amarillas y fruto de sabor muy amargo. Se emplea medicinalmente como tónica y febrífuga.
grácil: sutil, delgado.
gravita: descansa sobre ella.
gualda: amarilla.
guapos: chulos, perdonavidas.

hábito: costumbre.
haza: tierra de labor.
helénico: lo griego clásico.
hendido: cortado verticalmente.
hiende: corta; aquí, atraviesa el agua.
hiperestésicos: de sensibilidad excesiva y dolorosa.
hipocondría: estado depresivo y melancólico.
hipsipila: insecto que, al convertirse en adulto, rompe el capullo en el que estaba encerrado (la crisálida).
hircana: de Hircania, país del Asia antigua, famoso por sus tigres.
hollada: pisada.
huesa: fosa, hoyo para enterrar un cadáver.
huronean: rebuscan, escudriñan.

ígnea: de fuego.
índigo: añil, azul oscuro.
ingrávidas: ligeras, referido a calles, que se recorren sin dificultad.

jacobina: revolucionaria. Los jacobinos fueron un grupo muy extremista en la Revolución Francesa.

lacerada: lastimada, herida.
lanzadera: instrumento usado por los tejedores para formar la tela, cruzando los hilos con la urdimbre. Aquí, símbolo del destino.
letales: mortíferas.
levítica: clerical, eclesiástica.
lides: luchas, combates.
lindes: límites, términos.
lívido: amoratado.
lobo: aquí, lobo de mar.
lúbrica: lasciva, desvergonzada.
lueñe: distante, alejada.
lúgubres: tristes.

machorra: hembra estéril.
malecón: construcción de defensa contra las olas.
melena (de campana): la pieza de madera a la que está unida la campana y que sirve para voltearla.
mercenaria: que percibe paga por sus servicios.
merino: cierta raza de ovejas.
nelumbos: plantas acuáticas de flores blancas y amarillas.
nimba: rodea de luz y forma aureola.

ondina: según algunas mitologías, ninfa de las aguas.

paladines: guerreros fuertes y valerosos.
parameras: terrenos yermos, rasos y desabrigados.
pasad: pasad de largo.
pérgola: galería formada por pilastras o columnas que sostienen un enrejado por donde trepan enredaderas u otras plantas ornamentales.
pica: lanza larga.
plañir: gemir, llorar.

polisón: armazón que se ajustaban las mujeres en la cintura para aumentar el volumen de la falda.
pomo: extremo de la guarnición de la espada, encima del puño, que sirve para tenerla unida y firme con la hoja.

quejigal: terreno poblado de quejigos, un tipo de robles.

rebozo: aquí, toalla.
recamado: adornado.
refectorio: en los monasterios o comunidades religiosas, sala destinada a comedor.
regüeldo: eructo.
relente: humedad que, en las noches serenas, se nota en la atmósfera.
retama: planta de ramas delgadas, largas y flexibles y de flores amarillas en racimos.

sajas: cortas en carne viva.
salmuera: agua cargada de sal.
saudades: sentimientos profundos de soledad; estado máximo de la melancolía.
sazón: punto o madurez de las cosas; estado de perfección.
sementeras: tierras sembradas.
sentinas: lugares donde abundan los vicios.
señero: solitario, único.
serillo: cestillo.
serrallos: harenes.
sideral: relativo a las estrellas y los astros.
sino: destino fatal.
súbito: repentino.

tardíos: se refiere a la siembra de frutos tardíos.
taso: valoro, pongo precio.
timba: casa de juego, garito.
titán: en la mitología, cada uno de los gigantes que intentaron asaltar el cielo. Aquí, persona de excepcional fuerza.
tizna: mancha.
tocón: parte del tronco de un árbol que queda unida a la raíz cuando lo cortan por el pie.
torvo: de mirada «torcida».
trascurso (transcurso)**:** paso del tiempo.

trema: italianismo; tiembla.
trojes: depósitos limitados por tabiques para guardar cereales u otros frutos.
túmidos: hinchados.

umbrío: sombrío.
undoso: ondulado.
unja: unte.
unjía (ungía): untaba sacralmente.

vaho: vapor, aliento.
veredas: caminos estrechos para el paso de personas y ganados.

yacija: lecho o cama.
yermo: lugar inhabitado, desierto. Aquí, olvido.
yerto: seco, muerto.

zumaya: autillo o chotacabras, ave rapaz nocturna parecida a la lechuza.

BIBLIOGRAFÍA BÁSICA

A) *Estudios*

ALONSO, Dámaso: *Poetas españoles contemporáneos,* Madrid, Gredos, 1958.
ALONSO, Dámaso, y BOUSOÑO. Carlos: *Seis calas en la expresión literaria española,* Madrid, Gredos, 1970.
AYUSO, José Paulino: *La poesía en el siglo xx: desde 1939,* Madrid, Playor, 1983.
BARROSO GIL, Asunción, y otros: *Introducción a la literatura española a través de los textos. El siglo xx hasta la Generación del 27,* t. III, Madrid, Istmo, 1981.
—, *Introducción a la literatura española a través de los textos. El siglo xx desde la Generación del 27,* t. IV, Madrid, Istmo, 1981.
BENITO DE LUCAS, Joaquín: *Literatura de postguerra: la poesía,* Madrid, Cincel, 1981.
CANO, José Luis: *Poesía española contemporánea. Las generaciones de posguerra,* Madrid, Guadarrama, 1974.
CERNUDA, Luis: *Estudios sobre poesía española contemporánea,* Madrid, Guadarrama, 1975.
GEIST, Anthony Leo: *La poética de la generación del 27 y las revistas literarias: de la vanguardia al compromiso (1918-1936),* Barcelona, Guadarrama, 1980.
PAYERAS GRAU. María: *Poesía española de posguerra,* Madrid, Prensa Universitaria, 1986.
PÉREZ BAZO, Javier: *La poesía en el siglo xx: hasta 1939,* Madrid, Playor, 1984.
ROZAS, Juan Manuel, y TORRES NEBRERA. Gregorio: *El grupo poético del 27,* t. I y II, Madrid, Cincel, 1980.
RULL FERNÁNDEZ, Enrique: *El Modernismo y la Generación del 98,* Madrid, Playor, 1984.
SANZ VILLANUEVA, Santos: *Literatura actual,* vol. 6/2 de la *Historia de la literatura española,* Barcelona, Ariel, 1984 (vid. capítulo 4.º «La poesía desde 1939»).
SENABRE. Ricardo: *A. Machado y J. R. Jiménez: poetas del siglo xx,* Madrid, Anaya, 1991.
SIEBENMANN, Gustav: *Los estilos poéticos en España desde 1900,* Madrid, Gredos, 1973.

SUÁREZ MIRAMÓN, Ana: *Modernismo y 98. Rubén Darío,* Madrid, Cincel, 1980.

TUSÓN, Vicente: *La poesía española de nuestro tiempo,* Madrid, Anaya, 1990.

URRUTIA, Jorge: *Antonio Machado y Juan Ramón Jiménez. La superación del Modernismo,* Madrid, Cincel, 1980.

VELÁZQUEZ CUETO, Gerardo: *Ganivet, Unamuno, Azorín, Maeztu,* Madrid, Cincel, 1980; (vid. «La poesía de Unamuno», pp. 26-32).

ZARDOYA, Concha: *Poesía española del 98 y del 27. (Estudios temáticos y estilísticos),* Madrid, Gredos, 1968.

ZULETA, Emilia de: *Cinco poetas españoles (Salinas, Guillén, Lorca, Alberti, Cernuda),* Madrid, Gredos, 1971.

(Consúltense también los estudios introductorios de las *Antologías* citadas a continuación)

B) *Antologías*

1. *De autores*

ALBERTI, Rafael: *Antología poética,* ed. Natalia Calamai, Madrid, Alianza, 1980.

ALEIXANDRE, Vicente: *Antología poética,* ed. Leopoldo de Luis, Madrid, Alianza, 1989.

ALONSO, Dámaso: *Antología poética,* ed. Philip W. Silver, Madrid, Alianza, 1989.

BRINES, Francisco: *Selección propia,* ed. del autor, Madrid, Cátedra, 1984.

CELAYA, Gabriel: *Itinerario poético,* ed. del autor, Madrid, Cátedra, 1975.

CERNUDA, Luis: *Antología,* ed. José María Capote Benot, Madrid, Cátedra, 1981.

COLINAS, Antonio: *Poesía, 1967-1980,* pról. José Olivio Jiménez, Madrid, Visor, 1982.

CUENCA, Luis Alberto de: *Poesía 1970-1989,* Sevilla, Renacimiento, 1990.

DARÍO, Rubén: *Poesía,* ed. Jorge Campos, Madrid, Alianza, 1977.

DELGADO, Agustín: *De la diversidad (poesía 1965-1980)*, pról. Miguel Ángel Molinero, Madrid, Hiperión, 1983.

DIEGO, Gerardo: *Primera antología de sus versos (1918-1941)*, Madrid, Espasa-Calpe, 1941.

—, *Segunda antología de sus versos (1941-1967)*, Madrid, Espasa-Calpe, 1967.

FIGUERA AYMERICH, Ángela: *Antología total*, ed. Julián Marcos, C. V. S., 1975.

FUERTES, Gloria: *Obras incompletas*, ed. de la autora, Madrid, Cátedra, 1975.

GAMONEDA, Antonio: *Edad (poesía 1947-1986)*, ed. Miguel Casado, Madrid, Cátedra, 1987.

GARCÍA LORCA, Federico: *Antología poética*, ed. Allen Josephs, Esplugues de Llobregat (Barcelona), Plaza & Janés, 1990.

GIL-ALBERT, Juan: *Fuentes de la constancia*, ed. José Carlos Rovira, Madrid, Cátedra, 1984.

GIL DE BIEDMA, Jaime: *Volver*, ed. Dionisio Cañas, Madrid, Cátedra, 1989.

GONZÁLEZ, Ángel: *Poemas*, ed. del autor, Madrid, Cátedra, 1980.

GUILLÉN, Jorge: *Mientras el aire es nuestro. Antología*, ed. Philip W. Silver, Madrid, Cátedra, 1978.

HERNÁNDEZ, Miguel: *Antología*, ed. Jesús Munárriz, Madrid, Visor, 1987.

HIDALGO, José Luis: *Obra poética completa*, ed. María de Gracia Ifach, Santander, Institución Cultural de Cantabria, 1976.

HIERRO, José: *Antología*, ed. Aurora de Albornoz, Madrid, Visor, 1980.

JIMÉNEZ, Juan Ramón: *Antología poética*, ed. Vicente Gaos, Madrid, Cátedra, 1978.

LEÓN FELIPE: *Antología poética*, intr. Jorge Campos, sel. Alejandro Finisterre, Madrid, Alianza, 1983.

MACHADO, Antonio: *Poesías escogidas*, ed. Vicente Tusón, Madrid, Castalia, 1986.

MACHADO, Manuel: *Poesías*, ed. Jorge Campos, Madrid, Alianza, 1979.

MORALES, Rafael: *Poesías completas (1940-1967)*, Madrid, Giner, 1967.

OTERO, Blas de: *Expresión y reunión*, ed. Sabina de la Cruz, Madrid, Alianza, 1981.

RIDRUEJO, Dionisio: *Poesía*, sel. Luis Felipe Vivanco, intr. María Manent, Madrid, Alianza, 1987.
RODRÍGUEZ, Claudio: *Desde mis poemas,* ed. del autor, Madrid, Cátedra, 1983.
ROSALES, Luis: *Antología poética,* ed. Alberto Porlan, Madrid, Alianza, 1984.
SALINAS, Pedro: *Aventura poética,* ed. David L. Stixrude, Madrid, Cátedra, 1980.
UNAMUNO, Miguel de: *Antología poética*, ed. José María Valverde, Madrid, Alianza, 1979.
VALENTE, José Ángel: *Entrada en materia,* ed. Jacques Ancet, Madrid, Cátedra, 1989.
VALVERDE, José María: *Antología de sus versos,* ed. del autor, Madrid, Cátedra, 1978.
VILLENA, Luis Antonio de: *Poesía 1970-1984,* pról. José Olivio Jiménez, Madrid, Visor, 1988.

2. *Colectivas*

2.1. Generales

Antología de poetas españoles contemporáneos, t. 1: *1900-1936* y t. 2: *1936-1970,* ed. María Dolores de Asís, Madrid, Narcea, 1978.
Antología de la poesía española (1900-1980), T. I y II, ed. Gustavo Correa, Madrid, Gredos, 1980.

2.1.1. Del período anterior a la guerra civil

Poesía española contemporánea (1901-1934), ed. Gerardo Diego, Taurus, 1974.

2.1.2. Del período posterior a la guerra civil

Un cuarto de siglo de poesía española (1939-1964), ed. José María Castellet, Barcelona, Seix Barral, 1969.

Lírica española de hoy. Antología, ed. José Luis Cano, Madrid, Cátedra, 1975.
Poesía española 1939-1975, ed. Ricardo Velilla, Tarragona, Tarraco, 1977.
Antología de la poesía española (1939-1975), ed. José Enrique Martínez, Madrid, Castalia, 1989.
40 años de poesía española. Antología 1939-1979, ed. Miguel García Posada, Madrid, Burdeos, 1988.
Poesía española contemporánea 1939-1980, ed. Fanny Rubio y José Luis Falcó, Madrid, Alhambra, 1981.
Poesía española hoy, ed. G. L. Solner, Madrid, Visor, 1982.

2.2.2. Parciales (escuelas y corrientes poéticas diversas)

La generación poética de 1927, ed. Joaquín González Muela y Juan Manuel Rozas, Madrid, Alcalá, 1974.
Antología del grupo poético del 27, ed. Vicente Gaos, Madrid, Cátedra, 1975.
El grupo poético de 1927, ed. Ángel González, Madrid, Taurus, 1976.
Antología de la generación del 27, ed. F. J. Díez de Revenga, Madrid, Alhambra, 1988.
Antología poética de la Generación del 27, ed. Arturo Ramoneda, Madrid, Castalia, 1990.
La generación de 1936. Antología poética, ed. F. Pérez Gutiérrez, Madrid, Taurus, 1976.
Cuatro poetas de hoy: José Luis Hidalgo, Gabriel Celaya, Blas de Otero y José Hierro, ed. María de Gracia Ifach, Madrid, Taurus, 1960.
Poesía última. Eladio Cabañero, Ángel González, Claudio Rodríguez, Carlos Sahagún y José A. Valente, ed. Francisco Ribes, Madrid, Taurus, 1963.
El grupo poético de los años 50, ed. Juan García Hortelano, Madrid, Taurus, 1978.
Antología de la nueva poesía española (1954-1968), ed. José Batlló, Madrid, El Bardo, 1968.
Nueve novísimos, ed. José María Castellet, Barcelona, Barral, 1970.

Joven Poesía Española, ed. C. García del Moral y Rosa Pereda, Madrid, Cátedra, 1979.
Postnovísimos, ed. L. A. de Villena, Madrid, Visor, 1986.
Después de la modernidad. Poesía española en sus distintas lenguas literarias, ed. Julia Barella, Barcelona, Antropos, 1987.
La generación de los ochenta, ed. J. L. García Martín, Valencia, Mestral Poesía, 1988.